어린이가 알아야 할
가짜 뉴스와 미디어 리터러시

**어린이가 알아야 할
가짜 뉴스와 미디어 리터러시**

초판 1쇄 발행 2020년 1월 15일
초판 13쇄 발행 2025년 6월 5일

지은이 채화영
그린이 박선하
펴낸이 이지은 **펴낸곳** 팜파스
기획편집 박선희
디자인 조성미 **마케팅** 김서희, 김민경
인쇄 케이피알커뮤니케이션

출판등록 2002년 12월 30일 제 10-2536호
주소 서울특별시 마포구 어울마당로5길 18 팜파스빌딩 2층
대표전화 02-335-3681 **팩스** 02-335-3743
홈페이지 www.pampasbook.com | blog.naver.com/pampasbook
이메일 pampas@pampasbook.com

값 12,000원
ISBN 979-11-7026-315-9 (73070)

ⓒ 2020, 채화영

· 이 책의 일부 내용을 인용하거나 발췌하려면 반드시 저작권자의 동의를 얻어야 합니다.
· 잘못된 책은 바꿔 드립니다.

이 도서의 국립중앙도서관 출판시도서목록(CIP)은 서지정보유통지원시스템 홈페이지
(http://seoji.nl.go.kr)와 국가자료공동목록시스템(http://www.nl.go.kr/kolisnet)
에서 이용하실 수 있습니다.(CIP제어번호: CIP2019049318)

어린이가 알아야 할
가짜 뉴스와 미디어 리터러시

채화영 글
박선하 그림

팜파스

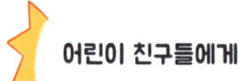 어린이 친구들에게

여러분은 오늘 어떤 뉴스를 보았나요?

우리는 아침에 일어나 잠들 때까지 수많은 뉴스를 보고 들어요. 인터넷 뉴스, SNS 뉴스, 그리고 모바일 메신저로 전달되는 다양한 뉴스들까지 말이에요.

특히 유명 아이돌의 기사나 유력 정치인의 뉴스는 사람들의 눈과 귀를 유혹할 만큼 자극적이고 흥미로워요. 그래서 친구들에게 알려 주거나 인터넷에 올려 다른 사람들과 공유하기도 합니다.

그런데 혹시 이런 생각을 해 본 적 있나요? 내가 보고 듣는 뉴스들은 모두 진짜일까? 혹시 잘못된 정보를 믿고 있는 건 아닐까?

뉴스는 중요한 소식이나 새로운 소식, 또는 흥미로운 사건을 때에 맞춰 알맞게 보도하는 거예요. 단 '언제, 어디서, 누가, 왜, 무엇을, 어떻게'라는 여섯 가지의 원칙을 반드시 갖추어야 해요. 그래야 뉴스의 정확성도 높아지고, 뉴스를 보는 사람들에게 신뢰를 줄 수 있기 때문

이에요.

 하지만 이러한 원칙에서 벗어나 사실을 왜곡하고 조작한 뉴스도 있어요. 그 뉴스로 인해 우리 사회가 심각한 피해를 입기도 해요. 이러한 뉴스를 '가짜 뉴스'라고 해요. 사실이 아닌 내용을 진짜인 것처럼 꾸며 퍼트리는 것이지요.

 가짜 뉴스가 왜 나쁘냐고요? 가짜 뉴스는 아무 죄 없는 사람을 나쁜 사람으로 둔갑시키기도 하고, 잘못된 정보를 전달해 사회를 혼란에 빠트리기도 해요. 또 선량한 사람들을 학대하거나 목숨을 빼앗기도 하지요. 일제 강점기 때 일어난 일본의 관동 대학살과 미국의 이라크 전쟁 등은 가짜 뉴스가 만들어 낸 대표적인 사건이에요.

 가짜 뉴스가 위험한 이유는 그 안에 나쁜 목적이 들어 있기 때문이에요. 가짜 뉴스를 만드는 사람들은 자기가 싫어하는 사람이나 집단을 비난하기 위해서 가짜 뉴스를 만들어 냅니다. 게다가 사람들의 관

심을 끌기 위해 자극적인 내용을 그럴 듯하게 꾸며 내지요. 진지하고 재미없는 내용보다는 자극적이고 선정적인 뉴스가 훨씬 흥미롭게 느껴지니까요.

가짜 뉴스는 진짜 뉴스보다 그 전파 속도가 훨씬 빨라요. 더군다나 SNS가 발달하면서 가짜 뉴스가 퍼지는 속도는 어마어마하답니다. 진짜인지 가짜인지 검증할 겨를도 없이 많은 사람들에게 전파되는 거죠. 가짜 뉴스는 연예인, 정치인만의 문제가 아니에요. 나도, 우리 가족도, 내 친구도 가짜 뉴스의 피해자가 될 수 있어요.

그렇기 때문에 우리 모두 가짜 뉴스에 관심을 갖고, 가짜 뉴스를 없애기 위해 노력해야 합니다. 또 가짜 뉴스가 무엇인지 공부하고, 가짜 뉴스를 걸러 낼 수 있는 방법도 알아야 하지요. 인터넷이나 TV에 나온 뉴스일지라도 신뢰할 만한 언론사인지, 출처가 분명한지, 너무 한쪽의 입장만 주장하는 건 아닌지 비판적으로 볼 수 있어야 해요.

그러기 위해서는 가짜 뉴스에 대해 잘 알아야겠지요? 적을 알아야 싸움에서 이길 확률도 높을 테니까요. 이 책은 가짜 뉴스에 대한 여러분의 궁금증을 속 시원히 해결해 주고 있어요. 더 나아가 가짜 뉴스를 예방할 수 있는 다양한 방법과 미디어 리터러시 능력을 기를 방법을 안내합니다.

이 책을 읽는 우리 친구들이 가짜 뉴스에 대한 심각성을 깨닫고, 가짜 뉴스가 무엇인지 조금이라도 고민한다면 언젠가 가짜 뉴스도 사라지지 않을까요?

그런 미래가 꼭 올 거라 믿으며 우리 함께 이 책의 첫 장을 열어 보도록 해요.

채화영

어린이 친구들에게 ——— 4

이야기 하나

뉴스에도 가짜가 있다고?

 12

가짜 뉴스? 진짜 뉴스? 대체 뭐가 달라?

뉴스란 무엇일까? ——————————— 26
정보가 왜 중요해? ——————————— 28
뉴스는 우리 생활에 큰 영향을 끼쳐! ———— 30
가짜인 뉴스도 있어? ————————————— 31
세상을 떠들썩하게 만든 가짜 뉴스를 찾아보다! —— 34

이야기 둘

조선인이 우물에 독을 탔다! — 38

가짜 뉴스는 옛날에도 있었어!

조선 왕조를 발칵 뒤집어 놓은 가짜 뉴스, 주초위왕! — 54
벽서로 가짜 뉴스를 전파하다! — 57
가짜 뉴스로 전쟁이 일어나다! — 58
뉴스가 왜곡되면 얼마나 위험할까? — 60

이야기 셋

가짜 뉴스로 학생회장이 되다 — 64

가짜 뉴스는 왜 생길까?

트럼프, 가짜 뉴스로 당선되다? — 81
우리의 세금을 도둑맞고 있다고? — 83
옐로 저널리즘, 황색 언론! — 86
가짜 뉴스를 만드는 사람들 — 88
가짜 뉴스, 왜 쉽게 믿는 걸까? — 90

이야기 넷

SNS 속 범인은 내가 아니라고!

92

소셜 미디어로 퍼져 나가는 가짜 뉴스

인터넷의 발달로 가짜 뉴스가 엄청나게 늘어났어!	107
소셜 미디어가 가짜 뉴스를 전파한다고?	108
가짜 뉴스의 전파 속도는 진짜 뉴스보다 6배나 빨라!	111
가짜 뉴스가 판치는 동영상 공유 사이트	112
가짜 뉴스는 만드는 것도, 전달하는 것도 불법이야!	115

이야기 다섯

걸그룹 미미걸스, 일진설에 휘말리다   118

수많은 뉴스 속에서 어떻게 가짜 뉴스를 구별해 낼까?

가짜 뉴스는 10대들에게 큰 영향을 미쳐! —— 132
미디어 리터러시 교육이 필요해! —— 134
외국의 미디어 리터러시 교육은
이렇게 하고 있어! —— 135
언론의 역할이 중요해! —— 137
가짜 뉴스 구별하기, 이렇게 해 봐! —— 139
패스트 뉴스 NO! 슬로 뉴스 YES! —— 140
미디어 리터러시 교육, 이렇게 해 봐! —— 141

이야기 하나

뉴스에도 가짜가 있다고?

"엄마! 저 과자 사도 돼요?"

지효가 과자 진열대 앞에 서서 물었어요.

"그래. 대신 많이는 안 돼."

엄마의 말이 떨어지자마자 지효는 초코칩이 콕콕 박힌 쿠키를 하나 집어 들었어요. 달콤한 과자를 먹을 생각에 기분이 좋아졌지요.

"뭐 빠진 거 없나?"

엄마는 스마트폰 메모장을 들여다보았어요. 거기에는 오늘 사야 할 목록이 빼곡하게 적혀 있었어요. 그때 지효가 무언가 생각나 크게 소리쳤어요.

"빠진 거 있어요!"

"과일이랑 생선, 계란, 파프리카…… 흠, 다 산 것 같은데?"

"저거요! 저거 안 샀잖아요!"

고개를 갸우뚱하는 엄마를 보며 지효가 어딘가를 가리켰어요. 바로 아이스크림 코너였지요.

"아이스크림?"

"헤헤, 아이스크림도 하나 사 주시면 안 돼요?"

지효가 장난스럽게 웃자 엄마도 마지못해 웃음을 터트렸어요.

"난 또 뭐라고. 그래. 아빠랑 오빠 것까지 여러 개 사자."

지효는 신이 나 아이스크림 코너로 잽싸게 뛰어갔어요.

"와! 내가 좋아하는 바닐라 아이스크림! 오, 초코 아이스크림도 사야지! 근데 비닐봉지가 어디 있더라?"

지효는 호들갑을 떨며 냉장고에서 아이스크림을 여러 개 고르고 나서 두리번거렸어요. 마트에서 아이스크림을 살 때마다 항상 비닐봉지에 담았기 때문이었지요.

"지효야. 여기에다 담아."

엄마가 장바구니를 들고 말했어요.

"안 돼요! 물 떨어져요. 아, 비닐봉지가 어디 있지?"

"아마 찾아도 없을 거야. 오늘부터 일회용 비닐봉지는 못 쓰도록 나라에서 법으로 정했거든."

"정말이요?"

지효가 깜짝 놀라 소리쳤어요.

"응. 대형 마트, 슈퍼마켓에서 모두 비닐봉지는 못 쓰도록 금지되었단다."

"왜요? 비닐봉지 없으면 무지 불편한데."

"환경을 오염시키기 때문이지. 비닐봉지는 잘 썩지도 않잖니? 이렇게 장바구니에 담으면 비닐봉지도 굳이 필요 없고, 환경도 보호할 수 있으니 잘된 일이지."

엄마의 말을 듣고 지효는 그제야 고개를 끄덕였어요.

"아! 수업 시간에 비닐봉지가 땅속에서 썩지 않아 토양을 오염시킨다는 얘기를 들은 적이 있어요. 근데 엄마는 오늘부터 비닐봉지를 쓰지 않는다는 것을 어떻게 아셨어요?"

"뉴스에서 봤지."

"윽, 그 재미없는 뉴스요?"

지효는 뉴스라는 말만 들어도 지루해지는 기분이 들었어요.

"왜? 엄마는 뉴스가 제일 재미있는데?"

엄마가 귀엽다는 듯 지효를 바라보았어요.

"말도 안 돼! 재미있는 장면은 하나도 없고, 맨날 아나운서가 심각한 표정으로 얘기하잖아요."

"그건 뉴스가 정보를 정확하게 전달하는 데 목적을 두기 때문이야. 그래야 사람들이 새로운 소식에 귀 기울일 수 있으니까. 또 우리 생활에 꼭 필요한 정보를 알기 위해서는 지루하더라도 뉴스를 꼭 봐야만 해."

"뉴스가 음악 프로처럼 신나고 재미있으면 자주 볼 텐데."

지효가 입술을 삐죽 내밀며 말했어요.

"음악 프로처럼 화려하고 신나기만 한다면 아마 사람들은 뉴스가 전하는 정보에 큰 관심을 두지 않을걸?"

"하긴 뉴스 아나운서가 음악 프로 진행자처럼 얘기하면 너무 웃길 것 같아요."

지효의 말에 엄마도 웃었어요.

"내일 학교에 가서 친구들한테 이제 비닐봉지를 못 쓴다고 말해 줄래요. 아마 저희 반에서 저밖에 모를 걸요?"

"그래. 뉴스를 보지 않은 친구들은 이 사실을 모를 테니까, 우리 지효가 알려 주렴. 자, 그럼 이 아이스크림들을 장바구니에 담아서 계산할까?"

"좋아요!"

지효가 총총거리며 카트를 밀었어요.

그때였어요. 지효의 스마트폰에서 알림음이 들렸어요.

"어? 은주다!"

지효는 카트를 밀다 말고 스마트폰을 확인했어요. 단짝 친구 은주가 보낸 메시지였어요.

"아마 같이 놀자고 메시지를 보냈을 거예요."

지효는 얼른 은주의 메시지를 확인했어요.

"응? 뭐지?"

지효의 예상과는 달리, 은주의 메시지에는 기사가 링크되어 있었어요. 지효는 얼른 기사를 클릭해 보았어요.

"헉!"

기사를 본 지효는 깜짝 놀랐답니다. 기사에 유명 톱스타 J양의 사망 소식이 실려 있었기 때문이에요.

> **대박신문**
>
> **톱스타 J양! 촬영 끝내고
> 돌아오던 길에 교통사고로 사망!**
>
> 배우와 가수로 많은 이들에게 인기를 얻은 J양이 오후 2시경 교통사고로 사망했다. 경찰은 J양의 차량이 과속으로 가로수를 들이받아 사고를 냈다고 보고 있으며, 정확한 사고 원인은 아직 파악 중이다.
>
> 이 사고로 차를 운전한 매니저 김 모 씨가 중상을 입었으며, 차에 타고 있던 J양은 병원으로 후송됐으나 안타깝게도 사망했다.

"엄마! 이것 좀 보세요! J양이 사망했대요! 교통사고로요!"

"뭐?"

지효의 말에 엄마도 깜짝 놀라 소리쳤어요.

J양은 이제 갓 스무 살이 된 가수 겸 배우예요. 요즘 대단한 인기를 끄는 톱스타지요. 지효 또래 아이들에게도 꽤 인기 있는 연예인이에

요. 그런데 몇 시간 전에 촬영을 다녀오다 교통사고로 사망했다는 거예요.

"어떡해요. 다음 달에 새 음반도 나온다고 했는데……."

"이상하네. 1시간 전만 해도 해외로 영화 촬영을 갔다는 기사를 봤는데?"

"엄마가 잘못 본 거 아닐까요? 이렇게 기사도 났는데."

"잠깐만."

엄마가 얼른 스마트폰을 꺼냈어요. 그리고 포털 사이트에 J양 사망 소식에 대한 기사를 검색해 보았지요.

"이상하구나. 어디에도 J양 사망 기사는 없는걸?"

"정말이요? 어떻게 된 거지?"

"은주가 보낸 기사는 어디 신문사니?"

"대박 신문사요!"

엄마는 대박 신문사를 검색해 보고는 심각한 표정을 지었어요.

"지효야. 이 신문사는 처음 들어 보는 곳인데? 게다가 기사도 오늘 올라온 이 기사뿐이고 말이야. 다른 어떤 신문사에서도 J양 사망 소식이 없는 걸 보면 아무래도 지어낸 뉴스 같은데?"

"지, 지어낸 뉴스요?"

"응. 가짜 뉴스."

엄마의 말에 지효는 깜짝 놀랐답니다. 뉴스를 지어내다니, 상상도 할 수 없는 일이었지요.

"에이, 어떻게 뉴스를 지어내요. 말도 안 돼요! 뉴스는 정보를 정확하게 전달해 주는 게 목적이라면서요."

"그렇지. 하지만 간혹 뉴스를 나쁘게 이용하는 사람들도 있거든. 그런 사람들은 뉴스를 지어내기도 해. 기자인 척, 사실인 척 그럴 듯하게 꾸며 내어서 말이야."

"그럴 리 없어요. 아마 곧 있으면 다른 신문사와 방송국에서도 J양 기사가 막 나올 걸요?"

지효는 은주가 보낸 기사를 철석같이 믿었어요. 그저 꽃다운 나이에 일찍 사망한 J양이 안타까울 뿐이었지요.

"J양이 너무 불쌍해요. 이제 스무 살밖에 안 됐는데…… 해 보고 싶은 것도 많았을 거 아니에요. 아, 다른 애들은 이 소식을 모를 텐데! 빨리 알려 줘야겠어요!"

지효는 큰일이라도 난 것처럼 호들갑을 떨었어요. 그때였어요. 은

주에게 메시지가 도착했어요.

은주찡

지효야. 이 기사 가짜래!!! J양 사망한 거 아니래. 😭

여신지효

뭐?!!!! 😳

은주는 영상 하나를 보내왔어요. 다름 아닌 J양의 SNS 영상이었어요. 영상을 클릭하자 J양이 환하게 웃으며 손을 흔들었어요.

 J. Star 20

"여러분! 안녕하세요! 오늘 저에 대한 가짜 뉴스 때문에 많은 분들이 놀라셨다고 해서, 이렇게 영상을 남겨요. 저는 지금 하와이에서 영화 촬영을 하고 있답니다. 제가 교통사고가 났다는 기사는 가짜 뉴스이니, 걱정하지 않으셔도 돼요! 누가 이런 기사

를 지어냈는지 모르지만, 찾아내어 법적 대응을 할 생각입니다. 저희 가족들도 무척 놀랐거든요. 저는 건강히 촬영을 잘하고 있으니, 걱정 마세요! 걱정해 주신 모든 분들께 감사합니다!"

은주찡

다행이지? 근데 누가 이런 기사를 지어낸 걸까? 나는 진짜인 줄 알고 너한테 바로 보냈던 건데!!

여신지효

뭐야~~ 😢 우리 엄마한테도 진짜일 거라고 막 우겼는데ㅠㅠ 다행이긴 한데, 좀 화난다. 대체 누가 이런 짓을 하는 걸까? J양이 얼마나 속상하겠어!

은주찡

그니까ㅠㅠ 이상한 사람들이 참 많다니까!!!

"또 무슨 문자니?"

엄마가 슬쩍 지효의 스마트폰을 보며 물었어요. 그러자 지효는 엄마에게 영상을 보여 주며 말했어요.

"은주한테 연락 왔는데 이 기사가 가짜래요. 엄마 말처럼 누가 막 지어낸 거래요!"

"거 봐. 엄마가 좀 이상하다고 그랬지?"

"으휴, 대체 누가 이런 짓을 하는 거야! 나처럼 진짜인 줄 알고 믿는 사람도 많을 텐데."

"뉴스가 사실만 전달한다는 성격을 이용해서 간혹 이렇게 가짜 뉴스를 만들어 퍼트리는 사람들이 있어. 뉴스는 무조건 진짜라고 믿는 사람들의 심리를 이용하는 거지."

지효는 포털 사이트에 들어가 J양의 기사를 검색해 봤어요. 그러자 'J양 사망설 가짜 뉴스', 'J양 사망설 누가 지어냈나' 등의 기사가 쏟아지기 시작했어요. 지효는 어처구니가 없으면서도 한편으로는 의아한 마음이 들었어요.

"엄마! 뉴스가 거짓말을 해도 돼요? 뉴스는 정확해야 한다고 했잖아요."

엄마는 씁쓸한 표정을 지으며 말했어요.

"그래. 맞아. 뉴스는 정확해야 하는데…… 요즘에는 이런 가짜 뉴스가 많아져서 정말 큰일이라고 해. 휴."

"말도 안 돼. 그러면 누가 뉴스를 믿고 보나요?"

엄마의 말을 듣고 지효는 점점 더 의문이 들었어요. 어떻게 가짜로 뉴스를 쓸 수 있는 걸까요? 뉴스가 거짓말을 해도 된다는 건가요?

"그러게 말이다. 이렇게 가짜 뉴스가 많아지니, 앞으로 뉴스를 봐도 그게 가짜인지 진짜인지부터 알아봐야 할 것 같구나."

지효는 엄마의 말을 듣고 고개를 끄덕였어요. 그리고 가짜 뉴스와 진짜 뉴스를 어떻게 하면 가려낼 수 있는지 궁금해졌답니다.

가짜 뉴스? 진짜 뉴스? 대체 뭐가 달라?

　　J양 사망 기사가 가짜 뉴스라는 사실에 지효는 깜짝 놀라고 말았어요. 뉴스는 항상 진실된 내용만 보도한다고 믿었는데 말이에요. 그렇다면 가짜 뉴스는 무엇이고, 왜 생겨나는 걸까요? 또 가짜 뉴스와 진짜 뉴스의 차이점은 뭘까요? 이러한 질문에 답을 하기 위해서는 먼저 뉴스가 무엇인지 명확히 알아야 한답니다.

뉴스란 무엇일까?

　　뉴스란 많은 사람들에게 중요한 소식이나 새로운 소식, 또는 흥미로운 사건을 때에 알맞게 보도하는 거예요. news(뉴스)가 new things(새로운 것들)를 뜻하는 중세 라틴어에서 유래된 것을 보면 그 의미를 더 잘 이해할 수 있지요.

하지만 단순히 새로운 소식, 흥미로운 사건을 보도하는 것으로 뉴스의 의미를 한정지어서는 안 돼요. 새로운 사실을 얼마나 정확하게 보도하는지, 얼마나 빠르게 보도하는지가 뉴스의 더 중요한 요소이기 때문이에요.

그래서 뉴스 보도 기사를 쓸 때는 언제(when), 어디서(where), 누가(who), 왜(why), 무엇을(what), 어떻게(how)라는 여섯 가지의 원칙을 반드시 갖추어서 기사를 작성해야 해요. 그래야 뉴스의 정확성도 높아지고, 뉴스를 보는 사람들에게 신뢰를 줄 수 있거든요.

그렇다면 꼭 이렇게 기사의 형식적인 조건을 갖춰야만 뉴스가 되는 걸까요? 그렇지 않아요. TV 뉴스나 인터넷 기사처럼 전문 보도 기관 말고도, 어떤 형식으로든 사람들에게 정보를 전달한다면 그것 역시 뉴스라고 말할 수 있어요. 입에서 입으로 전해지든, 문자로 전해지든, SNS로 전해지든 말이에요.

정보가 왜 중요해?

정보는 우리가 살아가는 데 꼭 필요한 지식이에요. 실제 우리 생활에 도움이 되는 것들이 대부분이죠. 지효 엄마가 뉴스를 보고 마트에서 비닐봉지 사용이 금지되었다는 것을 안 것처럼 말이에요. 그렇기 때문에 많은 사람들이 뉴스나 인터넷을 통해 빠른 시간 안에 정보를 습득하려고 노력해요. 남들보다 많은 정보를 얻어야 이득을 볼 수 있으니까요.

학교에서 내준 과제를 할 때도 우리는 인터넷을 검색해서 다양한 정보를 얻어요. 여행을 갈 때도 숙박업소나 식당, 교통 정보 등을 스마트폰으로 검색하지요. 또 법이 개정되어 새로워진 내용이나 정부의 정책에 관한 정보도 인터넷을 검색하거나 기사를 보고 습득해요.

이처럼 정보는 내가 잘 알지 못하는 부분을 알려 주기도 하고, 나에게 꼭 필요한 부분을 채워 주기도 한답니다. 현대 사회에서 정보를 가진다는 것은 엄청난 힘이에요. 그렇기 때문에 정보 전쟁이라고 불릴 만큼 서로 더 많은 정보를 갖기 위해 노력하지요. 정보를 많이 알면

알수록 더 유리한 위치에 설 수 있고, 일상생활에서 편리함을 얻을 수 있어요.

그런데 뉴스가 정확하지 않은 정보를 전달한다면 어떻게 될까요? 사람들은 거짓 정보를 믿게 되고, 사회는 그만큼 혼란스러워질 거예요. 그러므로 뉴스는 항상 진실된 정보를 전달해야 합니다.

뉴스는 우리 생활에 큰 영향을 끼쳐!

지효는 뉴스가 재미없다며 잘 보지 않았어요. 만약 지효가 뉴스를 봤다면 마트에서 비닐봉지를 찾는 행동은 하지 않았을 텐데 말이에요.

이처럼 뉴스는 우리 생활과 매우 밀접한 관련이 있답니다. 어떤 관련이 있는지 한 번 알아볼까요?

첫째, 사람들에게 새로운 정보를 전달해요. "수영장에서는 아쿠아 슈즈를 신어야 미끄러지지 않는다."는 기사를 본 사람들은, 아쿠아 슈즈가 미끄럽지 않다는 새로운 정보를 알게 됩니다. 그러면 수영장에 갈 때 아쿠아 슈즈를 챙겨 갈 수 있고, 미끄러지는 사고를 미연에 예방할 수 있지요.

둘째, 비판적인 시각을 길러 줘요. "어린이들이 먹는 젤리에 독성 화학 물질을 넣은 일당이 검거되었다."는 기사를 본 사람들은 어떤 생각을 할까요? 아마 돈에 눈이 어두워 어린이들이 먹는 간식에 좋지 않은 물질을 넣었다고 손가락질하겠지요? 이게 바로 비판적인 시각이에요. 옳지 못한 상황을 그냥 넘기는 것이 아니라, 당당하게 따져

묻는 태도이지요.

　<mark>셋째, 여러 사람의 생각이 움직이도록 영향을 끼쳐요.</mark> "음주 운전으로 스무 살의 청년이 목숨을 잃었다."는 기사를 본 사람들은 제일 먼저 분노할 거예요. 그 다음에 술을 마신 운전자를 비판할 거예요. 그리고 음주 운전 관련법이 약해서 자꾸 이런 사고가 나는 거라며 여론을 만들게 되지요. "맞아! 우리나라는 술에 너무 관대해.", "음주 운전 사고는 강력하게 처벌해야 돼!"와 같은 다양한 의견이 등장하고, 그런 의견들을 보며 미처 그런 생각을 하지 못한 사람들까지도 자신의 생각을 키우고 동참하게 돼요. 요즘 흔히 등장하는 청와대 청원 게시판이 여론 형성의 대표적인 예라고 볼 수 있어요.

　이처럼 뉴스는 새로운 정보를 전달할 뿐만 아니라, 비판적인 시각과 여론을 형성하는 데 큰 영향을 미친답니다.

가짜인 뉴스도 있어?

뉴스 앞에 가짜라는 말이 붙다니 정말 어색하지 않나요?

<u>가짜 뉴스란, 뉴스의 형태를 띠지만 실제 사실이 아닌 거짓된 뉴스를 뜻해요.</u> 사실을 왜곡하고 조작하거나 어떤 의도를 품고 허위로 정보를 만들어 퍼트리는 뉴스지요. 흔히 '페이크 뉴스(Fake News)'라고도 불리는데, 언론사의 오보부터 인터넷 루머까지 그 범위는 매우 넓어요.

가짜 뉴스는 아주 오래전부터 있었어요. 백제 무왕이 지은 '서동요'도 아주 오래된 가짜 뉴스의 예로 볼 수 있어요.

백제 사람 서동(훗날 무왕)은 어느 날 신라 진평왕의 셋째 딸인 선화 공주가 무척 아름답다는 소문을 들었어요. 서동은 무작정 선화 공주를 아내로 삼아야겠다고 마음먹었어요. 하지만 그것은 마를 캐며 살아가는, 가난한 서동에게는 감히 꿈꾸지 못할 일이었지요.

서동은 무작정 신라로 넘어갔어요. 아이들을 불러 모아 마를 나눠 주었어요. 그리고 자신이 직접 지은 노래를 따라 부르게 했어요.

"선화 공주님은 아무도 모르게 시집을 가서 마 캐는 남자를 밤에 몰래 안고 잔대요."

노래는 선화 공주가 서동과 사랑을 나눈다는 내용이었어요. 아이들은 이 노래를 밤낮으로 불렀고 결국 진평왕의 귀에 들어가게 되었어요. 선화 공주가 진실이 아니라고 해명했지만 진평왕은 그녀를 궁궐 밖으로 쫓아냈어요. 서동은 슬퍼하는 선화 공주 앞에 나타나 그녀를 위로해 주었어요. 선화 공주도 서동에게 마음을 열고 그녀를 남편으로 받아들였어요.

서동의 이야기는 얼핏 아름다운 사랑 얘기처럼 보이지만, 실은 가짜 뉴스를 이용해 결혼에 성공한 경우라고 볼 수 있어요. 선화 공주님이 아무도 모르게 시집을 가서 마 캐는 남자를 안고 잔다는 노래 내용 자체가 거짓이기 때문이에요.

이처럼 가짜 뉴스는 그 역사가 무척 오래되었어요. 하지만 오늘날의 가짜 뉴스와는 성격이 조금 다르답니다. 오늘날 가짜 뉴스는 더 형식적이고 계획적으로 만들어집니다. 현대의 가짜 뉴스는 더 이상 동요나 입소문으로 퍼지지 않아요. 실제 기사처럼 형식을 갖춰 매체를 통해 전파되지요.

가짜 뉴스를 누가, 왜 만들었는지 명확히 알기는 어려워요. 더군다나 인터넷의 발달로 언론사가 아닌 개인이 거짓 정보를 진짜 뉴스처럼 퍼트리는 일이 늘어났어요. 그러면서 가짜 뉴스는 더 큰 사회 문제로 확산되고 있답니다.

세상을 떠들썩하게 만든 가짜 뉴스를 찾아보다!

★ 금괴 200톤이 실린 배가 울릉도 앞바다에 가라앉아 있다!

S그룹은 울릉도 인근 해저에 금괴 200톤이 실린 러시아 함선 '돈스

코이호'를 발견했다고 발표했어요. 금괴 200톤을 돈으로 환산하면 그 가치가 무려 150조 원에 달한다고 거짓 홍보를 했지요. 그들은 가짜 가상 화폐를 나눠 주며 피해자 2,600여 명에게서 총 89억 원에 달하는 투자금을 끌어모았어요. 결국 '돈스코이호'가 가짜라는 사실이 밝혀지면서 그들은 사기 혐의로 구속되었어요.

★ 한국은 구더기를 먹는 나라!

우리나라에 관광을 온 브라질 출신 부부가 자신의 SNS에 서울 시내 관광 사진과 영상을 올리며 거짓된 정보를 퍼트렸어요. 그들은 우리의 전통 음료인 식혜를 보고 '구더기 주스'라 부르며 식혜 속 밥알을

구더기에 비유했어요. 그러고는 '징그럽다', '역겹다'고 표현했지요.

또 쇠고기 음식점 메뉴판 앞에서는 개고기를 파는 곳이라며 사실이 아닌 거짓 정보를 SNS에 게재했어요. 이들은 SNS의 팔로워 수가 4만 2천여 명이나 되는 SNS 스타였어요. 그렇기 때문에 이들이 올린 정보는 브라질 전역으로 빠르게 퍼져 나갔지요.

다행히도 브라질 현지 젊은이들과 우리 동포들이 이 영상은 잘못된 정보라며 가짜 뉴스임을 알리는 데 앞장섰어요. 또 브라질 현지 시민들도 한국 국민들에게 용서를 구한다며 부부를 대신해 사과했답니다.

★ 백신을 맞으면 자폐증이 생긴다?

2019년 미국에서는 사라진 전염병이라고 여겼던 홍역이 다시 유행해 많은 사람들을 불안에 떨게 했어요. 홍역은 홍역 바이러스에 의해 발생해요. 전염성이 강해 접촉자의 90% 이상이 발병하는 무서운 급성 유행성 전염병이에요. 어렸을 때 홍역 예방 접종을 하면 괜찮지만 그러지 못했을 경우에는 반드시 백신을 맞아야 해요.

그런데 미국의 부모들이 자녀에게 홍역 백신을 맞지 못하게 해서 큰 논란이 되었어요. 그 이유는 1998년 발표된 논문 때문이었어요.

그 논문에는 홍역 백신이 자폐증을 유발한다는 충격적인 내용이 있었어요. 곧 논문이 조작된 거짓임이 밝혀졌지만, 아직도 이것을 믿는 사람들이 많았어요. 그들은 홍역 백신에 대한 가짜 뉴스를 퍼트리기 시작했어요.

　결국 워싱턴 주까지 나서 홍역 비상사태까지 선포했어요. 하지만 백신을 맞으면 자폐증이 생긴다는 허위 정보를 믿은 부모들은 자녀의 백신 접종을 거부했어요. 그 결과, 트럼프 대통령까지 나서서 백신을 접종하라고 당부해야 했답니다.

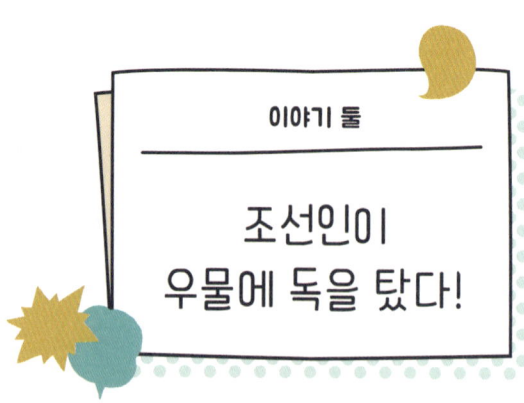

이야기 둘

조선인이 우물에 독을 탔다!

교실은 아침부터 학교 앞 행복 분식점 이야기로 떠들썩했어요. 막 교실로 들어오던 선생님은 의아한 얼굴로 물었어요.

"무슨 일이 있나요?"

아이들은 후다닥 제자리로 돌아갔어요. 선생님의 물음에 가장 먼저 대답한 건 연서였어요.

"선생님! 학교 앞 행복 분식점에 이제 다시는 안 갈 거예요! 거기서 파는 떡볶이에서 벌레가 나왔대요. 먹다 남은 떡볶이도 그냥 다시 팔고요!"

행복 분식점에 자주 갔던 연서는 너무 분한지 얼굴이 빨갛게 달아올랐어요.

"저도요!"

"저도 안 갈래요!"

연서의 말에 아이들이 너도나도 말을 보탰어요.

"선생님도 그 얘기는 들었어요. 근데 정말 떡볶이에 벌레가 들어 있었나요?"

"네? 그건…….."

연서는 말을 얼버무렸어요. 벌레가 든 떡볶이의 이야기를 들었지만 그걸 직접 확인하지는 못했거든요.

"그리고 행복 분식에서 먹다 남은 떡볶이를 파는 거 직접 본 사람? 누군가 봤으니깐 이런 소문이 난 거겠죠?"

이번에도 연서는 선뜻 대답하지 못했어요. 그건 다른 아이들도 마찬가지였어요.

"누가 봤다고 그랬는데…….."

"결국 직접 본 사람은 아무도 없는 거네요?"

선생님의 말에 교실은 쥐죽은 듯 조용했어요.

"선생님도 며칠 전에 이런 소문이 돈다는 이야기를 들었어요. 그래서 벌레를 본 친구가 누구인지 찾아보았죠. 만약 정말 떡볶이에서 벌레가 나왔다면 행복 분식점 아주머니께 주의해 달라고 부탁할 생각이었거든요. 하지만 직접 떡볶이에서 벌레를 봤다는 학생은 찾을 수 없었어요."

선생님의 말에 연서는 짝꿍 미주에게 작게 속삭였어요.

"야, 김미주. 누가 봤다며?"

"몰라……. 나도 옆 반 애한테 전해 들은 거라……."

미주의 얼굴에 난처함이 가득 떠올랐어요. 선생님은 차분히 말을 이어 갔어요.

"여러분이 퍼트린 이야기 때문에 아무 잘못이 없는 행복 분식점 아주머니는 큰 상처를 입고 말았어요. 선생님이 가서 직접 확인해 보았는데, 그런 일은 일어나지도 않았어요. 아주머니는 오히려 청결을 위해 매일 대청소를 하고 계셨어요."

아이들은 고개만 푹 숙인 채 아무 말도 하지 못했어요.

"이렇게 사실이 아닌 것을 사실인 것처럼 이야기를 만들어 내는 걸 가짜 뉴스라고 해요. 가짜 뉴스는 정말 위험해요. 가짜 뉴스 때문에 아무 잘못이 없는 사람들이 큰 상처와 피해를 입기 때문이에요. 심한 경우에는 무고한 사람들의 목숨을 빼앗기도 해요."

"목숨까지요?"

연서가 깜짝 놀라 고개를 들고 소리쳤어요.

"그래요. 우리 역사에도 가짜 뉴스 때문에 수많은 조상들이 목숨을 잃은 일이 있었어요. 바로 관동 대학살 사건이에요."

처음 듣는 말에 아이들의 얼굴에 궁금함이 떠올랐어요. 선생님은 무거운 표정으로 입을 열었어요.

"이 사건은 1923년 일본에서 있었던 일인데……."

"와! 맛있겠다!"

호철과 덕수는 찹쌀떡 집 앞에서 군침을 흘리며 서 있었어요.

"배고프다……."

"나도……."

"형! 우리 딱 하나만 사 먹을까?"

호철이 조심스레 물었어요.

"안 돼! 빨리 돈을 모아서 고향으로 돌아가야지. 계속 일본에서 살고 싶어?"

"그건 싫어! 말도 안 통하고, 조선인이라고 무시하고……."

"그러니깐 열심히 돈을 모아야 해. 그래야 조선으로 돌아가는 배를 타지."

덕수의 말에 호철이 마음을 다잡으며 고개를 끄덕였어요. 그때였어요. 갑자기 하늘이 쪼개지는 것처럼 쿠르릉 굉음이 들리더니 땅이 흔들리기 시작했어요.

"어어! 왜 이러지?"

"헉! 지, 지진인가 봐!"

덕수와 호철이 몸을 가누기도 힘들 만큼 땅이 흔들렸어요. 얼마나 흔들렸는지 나무들도 순식간에 쓰러졌고, 도로는 엿가락처럼 휘었어요. 흡사 전쟁이라도 일어난 것처럼 도시는 금세 아수라장이 되었어요.

1923년 9월 1일, 이날 도쿄를 중심으로 관동 지방에 일어난 지진은 진도가 무려 7.9에 달했어요. 엄청난 규모로 일어난 지진이어서 관동 대지진이라고 불렸지요. 관동 대지진은 일본 전역을 충격과 공포로 몰아넣었어요. 마침 점심 식사 시간이어서 집집마다 가스 불을 쓰고 있었는데, 이 때문에 곳곳에서 화재가 일어났어요.

일본 정부는 재난 상황을 수습하려고 노력했지만 쉽지 않았어요.

그날 밤, 일본 내무대신 미즈노 렌타로는 심각한 표정으로 부하 직원의 보고를 듣고 있었어요.

"큰일 났습니다! 시민들이 거리로 몰려나와 시위를 하고 있습니다."

"뭐라고?"

"경기도 좋지 않아 민심이 흉흉했는데, 이번에 대지진까지 발생해서 사람들의 불만이 터져 나온 것 같습니다!"

"흐음. 이를 어쩐다?"

미즈노 렌타로는 어떻게 하면 일본 시민들의 불만을 누그러뜨릴지 고민했어요. 일본 정부를 향한 사람들의 불만을 다른 쪽으로 돌리게 만들고 싶었던 거예요.

"힘들어서 못 살겠다!"

"일본 정부는 하루빨리 대책을 마련하라!"

일본 시민들은 거리에 나와 외치고 있었어요. 당시 일본은 경제 상황이 좋지 않았어요. 제 1차 세계대전을 겪으면서 경제가 불황으로 접어들었고, 실업자들도 급속도로 늘고 있었거든요. 시민들은 시위를 하며 일본 정부를 향한 불만을 터트렸어요. 그런 와중에 대지진까지 발생했으니, 꾹꾹 눌려 있던 민심이 폭발하고 말았던 거예요.

미즈노 렌타로는 고민 끝에 비열한 미소를 지었어요. 그리고 나서 책상을 탕! 치며 자리에서 벌떡 일어섰지요.

"어쩌면 이게 기회일지도 몰라! 조선 놈들을 싹 없애 버릴 기회 말이야!"

"사, 살려 주세요!"

집으로 돌아가던 덕수 형제는 한 남자의 울부짖는 소리를 들었어요.

"쳇! 너희 조선인이 우리 일본인을 죽이기 위해 우물에 독을 탄 것을 내가 모를 줄 알고?"

"도, 독이라니요! 그런 적 없습니다!"

"시끄럽다! 이 벌레 같은 조선 놈들! 끌어내!"

"제발 살려 주세요!"

일본 군인은 무지막지하게 조선 남자를 끌고 갔어요.

"조선인은 한 명도 살려 두지 않겠다!"

일본 군인은 주변을 둘러보며 큰소리로 외쳤어요.

겁에 질린 덕수와 호철은 군인들의 눈에 띄지 않게 그 자리를 빠져나왔어요. 그리고 나서 버려진 빈 창고에 들어가 몸을 숨겼지요. 두려움에 찬 눈으로 호철은 덕수를 보았어요.

"무슨 소리야? 우리가 우물에 독을 탔다니?"

"그러게. 뭔가 불길한데?"

덕수의 불길한 생각은 틀리지 않았어요.

다음 날 아침이 되자 도시는 비명 소리로 가득 울려 퍼졌어요. 총칼을 든 일본 군인들은 조선인으로 보이는 사람이면 가차 없이 때리고 끌고 갔어요.

"형, 이것 좀 봐!"

잠시 밖에 나갔던 호철이 창고로 헐레벌떡 들어왔어요. 호철은 신문 한 장을 들고 있었어요.

"사람들이 다 이 신문을 읽고 있더라고! 나는 일본어 잘 모르니까, 형이 한 번 읽어 봐!"

덕수는 얼른 신문을 들고 더듬더듬 서툰 일본어로 기사를 읽어 내려 갔지요.

"조…선인들이…우물에…독을 타고…폭동을…일으키고 있다?"

"뭐?"

호철이 깜짝 놀라 소리쳤어요.

> **마이니치신문** 조선인이 우물에 독을 타고 있다!
> 조선인이 폭동을 일으켜 나라를 혼란에 빠트리고 있다!

기사는 일본의 마이니치 신문사에서 작성된 것이었어요.

"우리가 우물에 독을 타다니! 폭동은 또 뭐야!"

"아, 그래서 어제 그 일본 남자가 그런 말을 한 거였구나. 우리가 독을 탔다고!"

"우리가 왜 우물에 독을 타! 우리도 다 같이 마시는 우물 물인데!"

"이 신문 기사를 믿고 그러는 거지. 신문은 사실을 적어서 알리니까."

덕수가 심각한 표정으로 말했어요.

"그럼, 이 기사가 사실이란 말이야?"

"아니, 그럴 리가 없어! 뭔가 이상해!"

"지금 조선인이면 다 죽인다고 하니까, 우리도 조심해야 돼."

덕수와 호철은 한복을 벗어 버리고 일본 옷을 구해다 입었어요. 최대한 일본인처럼 보여야 목숨을 부지할 수 있었으니까요.

"어이! 너! 일본 말 해봐."

"……."

"흥, 조선인이구나!"

일본 시민과 군인들은 사람들에게 어려운 일본 말을 시켜서 조선인을 골라냈어요. 일본 말을 잘하지 못하면 조선인으로 간주하고 무참히 죽였지요.

일본 사람들은 조선인이 모든 불행의 원흉이라고 여기고 있었어요. 내무대신 미즈노 렌타로가 계속해서 조선 사람들이 이 재난들을 만들었다고 선동하고 있었거든요.

"신문을 보십시오! 조선인들이 우리 일본에 와서 저지른 만행들을! 그들은 우리가 식민 지배하는 것에 앙심을 품고 우물에 독을 타고, 불을 지르는 폭동을 일으키고 있습니다. 조선인들 때문에 가엾은 우리 일본 국민들이 죽어 나가고 있다, 이 말입니다!"

미즈노 렌타로가 이렇게 말도 안 되는 유언비어를 퍼트린 데는 이유가 있었어요.

"거머리 같은 조선 놈들 때문에 내가 얼마나 고생을 했는 줄 알아! 그때의 치욕을 갚아 줘야지!"

미즈노 렌타로는 우리나라에서 3.1 운동이 일어날 당시에 조선 총독부의 정무총감이었어요. 우리나라의 독립 운동을 무자비하게 탄압하며 많은 독립 운동가들을 희생시킨 인물이었지요. 하지만 그조차 조선인들의 독립에 대한 열망까지 막을 수는 없었어요. 미즈노는 격렬하게 저항하는 조선인들에게 곤욕을 치렀고, 그때 당한 치욕을 언젠가는 갚아 주리라 마음먹고 있었어요. 그리고 마침내 관동 대지진을 이용해 조선인 학살을 계획한 거예요.

미즈노가 자신의 계획을 실행하기 위해 이용한 것은 다름 아닌 신문이었어요. 미즈노는 조선인이 불을 지르고 우물에 독을 탔다는 기사를 작성하라고 신문사에 지시했어요.

기사를 쓰던 마이니치 신문사 기자는 편집장에게 가서 물었어요.

"국장님! 근데 사실이 아닌데 이렇게 써도 괜찮을까요?"

"사실이 아니면 어때? 일본 정부에서 그렇게 쓰라고 하잖아! 그렇지 않아도 조선인들이 꼴 보기 싫었는데 잘됐지!"

마이니치 신문사는 이것을 마치 사실처럼 기사로 작성해 배포하기 시작했어요. 그것이 얼마나 큰 파국을 몰고 올지 생각하지 못한 채 말이에요. 그 바람에 가짜 뉴스가 일본 전역으로 확산되었지요.

"설마 신문이 틀린 말을 쓰겠어? 이게 다 조선인들 탓이야. 싹 다 몰아내자고!"

신문을 읽은 일본 사람들은 쉽게 선동되었어요. 어느 누구도 기사가 잘못되었을 거라고는 생각하지 않았어요. 가짜 뉴스인 줄도 모르

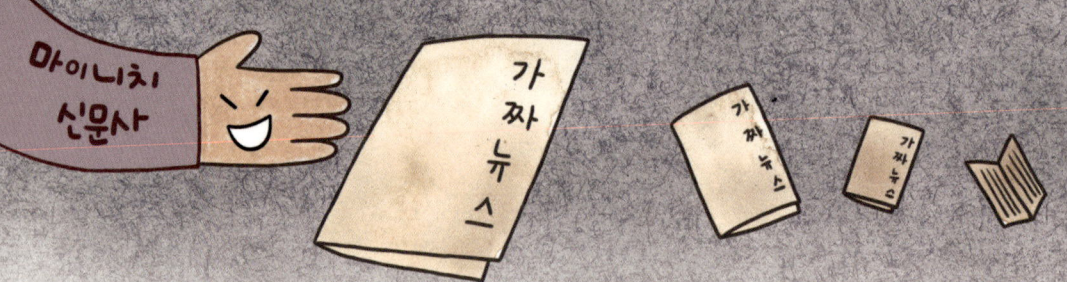

고 이것을 철석같이 믿은 일본인들은 조선인들을 탄압하는 데 동참했어요. 급기야는 일본 각지에 '자경단'까지 생겼지요.

"저기 조선 놈들이 있다. 얼른 잡자!"

"헉, 자경단이다!"

자경단은 조선인을 학살하는 단체였어요. 자경단이 생기면서 일본 땅에서는 본격적으로 조선인을 학살하기 시작했어요. 자경단은 칼과 곤봉, 죽창 등을 들고 거리를 활보하며 조선인을 찾아다녔어요. 조선인을 발견하면 가차 없이 그 자리에서 목숨을 빼앗았지요. 조선인들은 일본 관공서에 찾아가 도와 달라고 간청했어요. 하지만 자경단은 이곳까지 쫓아와 조선인들을 해쳤어요.

"어쩌지? 마실 물도 다 떨어졌고…… 먹을 것도 없는데."

덕수와 호철은 벌써 며칠째 작은 창고 안에 숨어 있었어요.

"지금 다 잘 시간이니까 잠깐만 나갔다 오자. 조용한 걸 보니 아무도 없는 것 같아."

"그럴까? 요 앞 우물에서 물만 마시고 후딱 들어오자."

덕수와 호철은 조심스레 창고 안에서 나왔어요. 밖은 매우 고요했어요.

"헉! 호, 호철아!"

앞서 걷던 덕수가 놀라 소리쳤어요. 목숨을 잃은 조선인들이 여기저기에 쓰러져 있었던 거예요.

"나쁜 사람들! 대체 우리가 뭘 그리 잘못했다고!"

덕수와 호철은 목구멍까지 차오르는 분노에 눈물을 흘렸어요.

"조선인이다!"

그때였어요. 잠복하고 있던 일본 군인이 덕수와 호철을 발견하고 큰 소리로 외쳤어요.

"호철아! 뛰어!"

덕수와 호철은 후다닥 도망쳤어요. 다행히 동네 지리를 잘 알고 있는 호철 덕분에 둘은 일본군을 따돌릴 수 있었어요.

"안 되겠어. 이곳은 너무 위험해. 다른 곳으로 떠나자."

"그래. 서두르자."

덕수와 호철은 눈물을 머금고 날이 밝기 전에 도쿄를 벗어났어요.

"어떻게 그런 말도 안 되는 일이……."

"일본 땅에 살았던 우리 조상들이 불쌍해요……."

선생님의 이야기를 듣던 아이들이 눈물을 글썽거렸어요.

"일본 정부도 나쁘고, 신문사도 나빠요! 기사 때문에 많은 사람들이 죽었잖아요."

연서가 잔뜩 억울한 얼굴로 소리쳤어요.

"맞아요. 신문에 실린 가짜 뉴스 때문에 죄 없는 우리나라 사람들이 목숨을 잃었어요. 이처럼 가짜 뉴스는 많은 사람들에게 엄청난 피해를 줘요. 가짜 뉴스를 만드는 사람도 잘못이지만 그것을 확인하지 않고 믿고, 퍼트리는 사람도 반성해야 돼요."

선생님의 말에 아이들은 조용히 고개를 끄덕였어요.

연서가 손을 번쩍 들고 말했어요.

"선생님! 저희가 행복 분식점에 대한 소문은 진짜가 아니라고 다른 친구들한테 얘기할게요."

"저도 말할게요!"

"저도요!"

"좋아요. 그럼 우리 다 같이 가짜 뉴스의 진실을 알리도록 노력해 볼까요? 행복 분식점이 다시 행복해질 수 있도록 말이에요."

"네!"

아이들이 밝게 웃으며 큰 소리로 대답했어요.

가짜 뉴스는 옛날에도 있었어!

조선인이 우물에 독을 탔다는 잘못된 정보 때문에, 아무 죄도 없는 우리나라 국민들이 일본에서 무참히 학살을 당했어요. 가짜 뉴스는 이렇게 사람의 목숨을 빼앗기도 하고, 역사의 흐름을 바꿔 놓기도 합니다. 그런데 나라를 뒤흔들었던 역사 속 가짜 뉴스가 꽤 많이 있었어요. 어떤 뉴스가 있는지 한번 살펴볼까요?

조선 왕조를 발칵 뒤집어 놓은 가짜 뉴스, 주초위왕!

조선의 위대한 개혁 사상가인 조광조도 가짜 뉴스의 피해자입니다.

조선은 폭정을 일삼은 연산군을 쫓아내고 중종이 왕위에 오르게 되었어요. 중종은 변화를 꾀하고자 노력했어요. 특히 연산군 때 폐지된 성균관을 다시 복귀시키고, 귀양을 간 유학자들을 불러오는 등 개혁 의지를 불태웠어요.

하지만 개혁은 쉽지 않았어요. 중종은 자신을 왕위에 올린 신하들의 눈치를 보느라 자유롭게 개혁을 실행하지 못했지요. 이때 혜성처럼 등장한 인물이 바로 조광조예요. 조광조는 과거 시험에 장원 급제를 하면서 높은 관직에 올라 정계에 진출하였어요. 조광조는 당시로서는 매우 급진적인 개혁안을 제시했어요. 부패한 신하들은 모두 몰

아내야 한다거나, 첩이 낳은 자식인 서얼에 대한 차별을 없애야 한다는 등의 안을 냈지요.

그러다 보니 조광조를 탐탁지 않게 생각하는 무리들이 많아졌어요. 그중 조광조의 개혁 정치에 반감이 많은 훈구파들이 '주초위왕'이라는 가짜 뉴스를 퍼트리기 시작했지요.

그들은 나뭇잎에 꿀로 '주초위왕(走肖爲王)'이라는 한자를 적어 놓고 벌레들이 그 부분을 갉아먹게 했어요.

'주초위왕'이란 '조씨 성을 가진 사람이 임금이 된다'는 뜻을 지닌 말이에요. 이 말은 당시 중종의 총애를 입던 조광조를 겨냥한 것이었어요. 이 일로 조정은 발칵 뒤집어졌어요. 나뭇잎을 받아 본 중종은 크게 노하며 조광조에게 사약을 내렸어요. 결국 훈구파가 만든 가짜 뉴스 때문에 조광조는 1519년 38세의 나이로 죽임을 당하고 말았답니다.

벽서로 가짜 뉴스를 전파하다!

지금처럼 TV나 컴퓨터, 스마트폰이 없던 조선 시대 때는 가짜 뉴스가 어떻게 전파되었을까요? 그때의 가짜 뉴스는 벽서나 괘서(掛書), 즉 종이에 큰 글씨로 적어 벽에 붙이는 대자보 형태가 대다수였어요. 임금이나 조정에 대한 불만을 함부로 얘기할 수 없으니 대신 종이에 적어 사람들이 많이 지나다니는 길거리에 몰래 붙인 것이지요.

그 내용은 대부분 임금과 조정에 대한 불만이었지만 허위 사실을 적은 가짜 뉴스도 많았어요.

양반들은 벽서를 주로 정치적인 목적으로 이용했어요. 상대 당파를 모함하기 위해 허위 사실을 적곤 했지요. 농민들은 조선이 멸망한다거나, 곧 변란이 일어나니 피하라는 소문 등을 사실인 것처럼 적어서 불만을 표출했어요.

벽서에 적힌 가짜 뉴스는 그 파급력이 꽤 세서, 그 내용으로 인해 농민 반란이나 역모가 일어나기도 했어요. 이처럼 벽서는 사회 전반에 큰 영향을 끼쳤지요. 그래서 벽서, 괘서를 작성한 자는 죽임을 당하는 등 큰 벌을 받았어요.

가짜 뉴스로 전쟁이 일어나다!

2003년 3월 20일, 미국이 이라크의 수도 바그다드를 공격하면서 '이라크 전쟁'이 시작되었어요. 이라크 전쟁은 한 달도 채 되지 않아 이라크의 패배로 끝이 났어요. 무려 25년간 이라크를 다스리며 독재자로 군림한 사담 후세인 대통령은 미군에게 체포되어 사형을 받았어요.

그런데 이라크 전쟁은 왜 일어나게 되었을까요? 미국이 이라크를 공격한 데는 가짜 뉴스의 역할이 매우 컸어요. 미국은 이라크 독재자 사담 후세인이 이슬람 테러 조직을 지원하고 있으며, 핵무기나 화학 무기처럼 많은 사람들을 죽일 수 있는 '대량 살상 무기'를 개발했다고 발표했어요. 그래서 미국은 자국민을 보호하고 세계 평화를 수호해야 한다는 대의명분을 내세워 2003년 3월 20일 오전 5시 30분 바그다드에 미사일을 폭격하며 전쟁을 개시했지요.

이라크 전쟁은 전 세계적으로 큰 논란을 불러일으켰어요. 대다수의 나라가 이 전쟁을 반대하고 나섰지요. 미국이 주장하는 이라크의 '대량 살상 무기', '테러 조직 지원'에 대한 어떠한 증거도 없었기 때문이에요.

하지만 미국 유명 신문사인 〈뉴욕 타임즈〉가 이라크 내 대량 살상 무기 문제를 다루는 기사를 내보냈어요. 그러면서 많은 사람들이 이라크의 대량 살상 무기를 자연스레 믿게 되었어요. 이러한 주장을 신봉하며 미국의 이라크 침공을 지지하는 무리들이 생겨났지요.

이 전쟁으로 인해 수많은 이라크군과 민간인이 목숨을 잃었어요. 만 명이 넘는 이라크군이 미군의 포로로 잡혀갔어요. 미군 역시 군인 수백 명이 목숨을 잃었고 부상을 당했어요.

미국은 전쟁이 일어난 지 26일 만에 이라크를 완전히 장악했어요. 전쟁의 승리를 자축했지요. 하지만 그렇게 자신만만하던 이라크의 '대량 살상 무기'는 찾지 못했고, 사담 후세인이 이슬람 테러 조직을 지원한다는 증거도 끝내 찾지 못했어요.

결국 2004년 〈뉴욕 타임즈〉는 당시 기사가 상당 부분 조작되었다며 잘못을 인정하고 독자들에게 사과했어요. 이라크 전쟁은 가짜 뉴스로 인해 벌어진 최악의 전쟁으로 기억되며, 많은 사람들의 마음을 아프게 하고 있답니다.

뉴스가 왜곡되면 얼마나 위험할까?

독일의 정치가이자 독재자인 아돌프 히틀러를 말할 때 항상 거론되는 인물이 있어요. 바로 파울 요제프 괴벨스입니다. 괴벨스는 히틀러가 지배하던 나치 독일 당시에 제국 선전부 장관을 맡은 인물이에요. 히틀러가 총통으로 등극하는 데 결정적인 역할을 했지요. 훗날 나치 정권의 2인자로 불렸어요.

괴벨스는 독재를 일삼는 나치 정권을 좋은 의미로 미화하거나, 많은 사람들이 나치 정권을 지지하도록 허위 사실을 유포해 사람들을 선동했어요. 독일이 폴란드를 침공하기 전에는 폴란드에 살고 있는 독일인들이 폴란드인들에게 약탈과 테러를 당하고 있다는 거짓말을 유포했어요. 그래서 독일인들이 폴란드에 대해 적개심을 품도록 부추겼지요.

괴벨스는 라디오가 가짜 뉴스를 전파하는 데 매우 큰 역할을 한다고 믿었어요. 그때 라디오는 매우 비싼 물건이었어요. 괴벨스는 국가 보조금을 써서 독일인들이 저렴하게 라디오를 살 수 있도록 지원했어요. 그 바람에 독일 가정은 대부분 라디오를 두게 되었지요. 언제든 라디오를 틀면 뉴스를 들을 수 있는 환경을 만든 거예요.

그러고 나서 괴벨스는 가짜 뉴스를 만들어 라디오로 퍼뜨렸어요. 히틀러의 위대함과 독일인의 우월함 등을 허위로 부풀려 선전했어요. 또한 유대인 때문에 독일 경제가 나빠진다는 허위 뉴스를 보도하여 독일인들이 유대인에게 적개심을 갖도록 부추겼어요.

괴벨스의 전략대로 독일인은 유대인을 향해 분노하고 적개심을 품었어요. 이것은 유대인의 탄압으로 이어졌어요. 히틀러는 유대인을 무려 600만 명이나 학살하는 만행을 저지르고 말았지요.

만약 괴벨스가 만든 가짜 뉴스가 아니었다면 많은 독일 사람들이 유대인 학살에 동조했을까요?

괴벨스는 선동가답게 유명한 말을 많이 남겼답니다. 가짜 뉴스가 큰 문제로 떠오른 요즘 시대에 그의 말이 품은 의미에 대해서 한 번쯤 생각해 보면 어떨까요?

"거짓말일수록 과감하게 과장하고 지속적으로 반복하라. 그러면 대중은 믿게 될 것이다!"

"국민들을 향해 거짓말을 열 번만 반복하라. 그러면 그것은 거짓말이 아닌 진실이 될 것이다."

_괴벨스

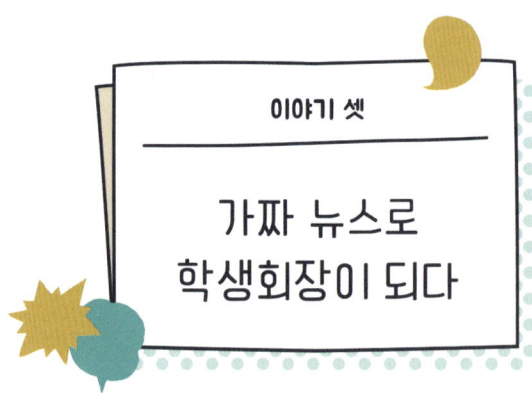

이야기 셋

가짜 뉴스로 학생회장이 되다

"이번 전교 학생회장으로 당선된 강의찬입니다. 앞으로 학우 여러분들을 위해 열심히 노력하는 학생회장이 되겠습니다!"

의찬이가 전교생을 향해 꾸벅 인사했어요. 그렇게 고대하던 학생회장에 당선되다니! 마치 꿈을 꾸고 있는 것만 같았지요.

"의찬아! 축하해!"

"고마워, 혜성아!"

의찬이는 단짝 혜성이와 얼싸안으며 기쁨을 나누었어요.

의찬이 옆에는 여러 후보자들이 앉아 있었어요. 그중에는 다혜도 있었어요.

'헤헤. 김다혜! 쌤통이다.'

의찬이는 슬쩍 다혜를 쳐다보았어요. 다혜는 우울한 표정으로 고개를 푹 숙이고 있었어요.

'이 방법을 쓰길 잘했지. 안 그랬으면 다혜한테 학생회장 자리를 빼앗겼을지도 몰라.'

의찬이는 학생회장 선거 기간에 있었던 일을 떠올렸어요.

의찬이는 누가 봐도 전교 학생회장 후보 1순위였어요. 공부면 공부, 운동이면 운동, 게임이면 게임! 못하는 게 없었거든요. 게다가 친구들도 무척 사이가 좋아서 어디를 가나 인기 만점이었어요. 그래서 아이들은 당연히 의찬이가 당선될 거라고 믿었어요. 의찬이도 그만큼 자신이 있었고요.

하지만 갑작스럽게 출마하겠다고 나선 다혜 때문에 모든 일이 꼬여 버리고 말았어요.

다혜는 얼마 전에 전학을 온 옆 반 친구예요. 같은 학원을 다니기 때문에 의찬이와 잘 아는 사이지요. 다른 후보들은 전혀 불안하지 않았지만 다혜는 달랐어요. 의찬이만큼 선생님들과 친구들에게 좋은 평가를 받고 있기 때문이에요.

예상대로 다혜가 학생회장 선거에 출마한다는 소식이 전해지자, 여기저기서 다혜를 지지하는 친구들이 늘어나기 시작했어요.

"나는 다혜 뽑을 거야!"

"나도!"

다혜는 조용했지만 전교 1등을 놓친 적이 없을 만큼 공부도 잘했어요. 게다가 봉사 활동도 많이 했고요. 보육원이나 양로원을 꾸준히 가서 동생들에게 공부도 가르쳐 주고 할머니, 할아버지들을 도왔어요. 봉사상, 선행상을 탄 적도 여러 번이었어요.

다혜가 선생님과 친구들에게 인정을 받고 있었기 때문에 의찬이는 더더욱 불안한 마음을 감출 수 없었어요. 너무나 막강한 라이벌이 생긴 거예요!

'김다혜! 왜 갑자기 선거에 나온다고 하는 거야? 안 나올 것처럼 하더니!'

의찬이는 다혜가 얄미워서 견딜 수 없었어요.

"의찬아! 큰일 났어!"

혜성이가 헐레벌떡 교실로 뛰어 들어왔어요.

"왜? 무슨 일 있어?"

"그게…… 내가 혹시 몰라서 애들한테 물어봤거든? 누구 뽑을 거냐고."

"근데?"

의찬이가 조금 긴장된 표정으로 물었어요.

"글쎄, 다혜를 뽑겠다는 애들이 엄청나게 많더라고! 1반 민준이, 2반 성철이도 처음에는 너를 뽑겠다고 했는데 지금은 마음이 바뀌었대!"

"뭐?"

의찬이는 자기도 모르게 자리에서 벌떡 일어섰어요.

"다혜가 내세운 공약 중에 공기 청정기 설치가 있잖아. 애들이 그걸 좋아하더라고. 어쩌지? 이러다 너 떨어지는 거 아냐?"

"무슨 소리야! 그럴 리 없어!"

의찬이는 버럭 소리를 질렀어요.

하지만 속마음은 그렇지 않았어요. 잘하면 보기 좋게 떨어질 수도 있겠구나 생각했지요. 그러자 마음이 더 조급해졌어요.

'애들이 다혜를 뽑지 못하도록 해야 하는데 어쩌지?'

의찬이는 수업 시간 내내 어떻게 하면 다혜를 이길 수 있을지 고민했어요. 그리고 마침내 좋은 생각이 떠올랐어요.

'맞아! 그거야!'

의찬이는 곧바로 자신의 생각을 실천하기로 마음먹었어요.

다음 날 학교 안에는 이상한 소문이 돌기 시작했어요.

"너 그 얘기 들었어? 다혜 있잖아. 전학 오기 전에 다닌 학교에서 학교 폭력으로 유명했대. 애들 돈을 막 뺏고 때리고 그랬대!"

"정말? 그렇게 안 봤는데!"

다혜가 학교 폭력을 일삼고 다녔다는 소문은 아이들의 입에서 입을 거쳐 삽시간에 퍼졌어요.

"의찬아, 다혜가 정말 그랬을까? 네가 거짓말할 리는 없지만, 진짜인지 가짜인지 확인해 보지도 않고 이런 얘기를 막 해도 되는 거야?"

혜성이가 걱정스러운 표정으로 물었어요.

"구혜성! 내가 거짓말할 것 같아? 다혜랑 친한 아이한테 직접 들은 거라고."

의찬이는 자신 있는 목소리로 말했어요.

다혜에 대한 소문은 이뿐만이 아니었어요.

"나는 그래도 다혜를 뽑을 거야. 반마다 최신형 공기 청정기를 달아 준대잖아. 요즘 미세먼지 때문에 엄마가 맨날 마스크 쓰라고 난리인데 너무 귀찮아!"

"너 그 소식 못 들었어? 공기 청정기 구입 비용을 전교생한테 부담하게 할 거라던데? 다혜 그렇게 안 봤는데, 어쩜 그 얘기는 쏙 빼고 말할 수 있니?"

"정말? 말도 안 돼."

급기야 다혜가 내건 공약에 대한 안 좋은 소문도 번졌어요. 다혜가 공기 청정기를 사는 비용과 설치 비용을 전교생에게 부담하게 할 거라는 소문이었어요. 물론 검증되지 않은 소문이었지요. 이러한 소문은 다혜의 귀에도 들어가게 되었어요.

"학교 폭력이라니! 나는 절대 그런 적 없어. 그리고 공기 청정기를 사는 돈과 설치하는 돈은 학교 예산에서 쓸 계획이야. 대체 왜 이런 소문이 생겼는지 모르겠어."

다혜는 소문에 대해 요목조목 해명했어요.

"억울해, 정말! 누군가 거짓말을 꾸며 낸 거야. 나를 모함하려고!"

다혜가 해명했음에도 불구하고 이미 떠나 버린 아이들의 마음은 쉽게 돌아오지 않았어요. 설상가상 교장 선생님이 의찬이를 더 지지한다는 소문까지 들려왔어요.

"교장 선생님이 지지하는 사람이 학생회장이 되면 학교에 도움 되는 일을 더 잘할 수 있지 않을까?"

"맞아! 우리가 요구하는 걸 더 잘 들어줄 수 있을 거야!"

"에이, 그럼 나는 의찬이 뽑을래! 교장 선생님이 지지한다는데 더 이상 무슨 이유가 필요해?"

아이들은 금세 마음을 바꾸었어요. 이전보다 의찬이를 지지하는 친구들이 훨씬 많아졌지요.

'헤헤. 내 계획대로 잘 되어 가는걸?'

의찬이는 슬그머니 웃음 지었어요.

사실 이 모든 것은 의찬이가 계획한 일들이었어요. 어떻게 하면 다혜를 이길 수 있을까 골몰하다가 거짓 소문을 퍼트려 다혜의 인기를 떨어뜨려야겠다고 생각한 거예요.

그래서 이전 학교에서 학교 폭력을 일으켰다는 거짓 정보를 퍼트리고, 공기 청정기 비용을 전교생에게 부담시킨다는 말을 꾸며 냈어요.

교장 선생님이 자신을 지지한다는 것도 새빨간 거짓말이었어요.

소문은 입에서 입으로, 또 메신저 앱을 통해 빠른 속도로 퍼져 나갔어요. 다혜에 대한 가짜 뉴스를 믿은 아이들은 사실을 확인하지도 않은 채 다혜를 비난하기 시작했어요.

결국 다혜의 인기를 시들해졌고, 반대로 의찬이에 대한 믿음은 높아졌어요. 그 덕에 의찬이는 압도적인 차이로 전교 학생회장에 당선될 수 있었지요.

하지만 의찬이의 기쁨은 오래 가지 않았답니다. 회장이 된 지 얼마 되지 않아 학교에 이상한 소문이 퍼지기 시작한 거예요.

"다혜에 대한 소문이 다 가짜래. 누가 만들어 낸 이야기라던데?"

"누가 그런 소문을 퍼트렸을까? 그것 때문에 다혜가 학생회장 선거에서 떨어진 거잖아."

누군가 다혜를 선거에서 떨어뜨리기 위해 일부러 모함했다는 말이 전교생에게 퍼지고 있었어요. 이 이야기는 얼마 가지 않아 의찬이의 귀에도 들어갔어요.

'뭐지? 누가 알고 있는 건가? 그럴 리 없는데…….'

아무도 모를 거라고 자신만만하던 의찬이는 덜컥 불안해졌어요. 그리고 그 소문이 커질 때마다 혹시라도 자신의 잘못이 밝혀지면 어쩌나 두려움에 떨었어요. 의찬이는 수업에 좀처럼 집중할 수 없었어요. 잠도 잘 자지 못했지요. 만일 다혜에 대한 거짓 정보를 흘린 사람이 자신이란 것이 밝혀지면 어떻게 해야 하나 걱정되었거든요. 학생회장이 되어 자신감이 넘치던 얼굴에는 이제 두려움이 가득 찼어요.

"의찬아! 너 아니지?"

"뭐가?"

하교 시간에 혜성이가 불쑥 물었어요.

"다혜 소문 말이야. 애들이 네가 한 거 아니냐고 나한테 물어보더라고."

"뭐? 나 아니야! 쓸데없는 소리 하지 마!"

"아니면 아니지. 왜 화를 내고 그래?"

의찬이는 씩씩대며 혜성이를 남겨 두고 앞서 걸어갔어요. 가슴이 쿵쿵 요란하게 뛰었어요.

'혹시 이미 애들이 다 알고 있는 걸까? 어떡하지? 내가 한 걸 알게 되면 학생회장 자리도 물러나라고 할 텐데.'

그때 의찬이에게 좋은 생각이 떠올랐어요.

'맞아, 그거야! 가짜 소문에는 가짜 소문으로!'

의찬이는 얼른 자신의 계획을 실행했어요.

다음 날 등교하던 아이들은 깜짝 놀랐어요. 학교 중앙 게시판에 커다란 종이가 붙어 있었기 때문이었어요. 거기에는 이런 글이 써 있었어요.

> 저는 김다혜에게 학교 폭력을 당한 피해자입니다.

아이들은 충격에 빠졌어요. 그 글은 다혜가 전학을 오기 전에 다닌 학교의 학생이 적은 글이었어요. 다혜에게 학교 폭력을 당해 지금까지도 큰 상처를 입고 괴로워한다는 내용이었어요.

"에이, 다혜가 학교 폭력을 한 거 맞네."

"뭐야. 그럼 다혜 소문이 다 가짜라는 말도 다혜가 만든 거야? 누가 다혜를 떨어뜨리려고 일부러 모함한 거라고 했잖아."

"그런가 봐. 괜히 의찬이만 의심했네."

아이들의 비난은 다시 다혜에게로 쏠렸어요. 다혜는 억울하다며 눈물로 호소했어요. 하지만 아무도 믿어 주지 않았어요.

'휴, 다행이다. 하마터면 큰일 날 뻔했어.'

의찬이는 가슴을 쓸어내리며 안도의 한숨을 쉬었어요.

하지만 이번 일은 쉽게 넘어가지 않았어요. 선생님들까지도 다혜에 대한 논란에 관심을 갖게 되었어요. 다혜는 이번 일로 큰 충격을 받아 며칠간 학교에 나오지 않았어요.

"여러분, 며칠 전에 있었던 게시판 글 알고 있지요? 선생님이 다혜가 다녔던 학교에 전화해서 문의해 봤어요. 그랬더니 그런 일은 전혀 없었다고 해요."

선생님의 말에 아이들은 깜짝 놀랐어요.

"그럼 그게 거짓말이라는 거예요?"

"누가 거짓말을 한 거예요?"

"왜 그랬을까?"

교실은 금세 소란스러워졌어요.

그때였어요. 교실 뒤편에 앉아 있던 은혜가 조용히 손을 들었어요.

"선생님! 저는 그 글을 누가 붙였는지 봤어요!"

"뭐?"

은혜의 말에 선생님도 아이들도 깜짝 놀랐어요. 그중 가장 놀란 건 다름 아닌 의찬이었어요.

'설마 내가 한 거 알고 있는 건가?'

의찬이는 마른침을 꼴깍 삼키며 책상만 쳐다보았어요.

"은혜야, 정말이니?"

"네. 제가 당번이라서 그날 일찍 학교에 왔거든요. 화단에 물을 주려고 복도를 지나가다가 누가 종이를 붙이는 걸 봤어요."

"누군데?"

"누구야, 말해 줘!"

"자자, 조용!"

선생님이 아이들을 진정시켰어요.

"그 사람은 자기가 한 일이 뭔지 잘 알고 있을 거예요. 오늘 스스로 자기가 한 일을 밝히고 용서를 구하면 좋겠어요. 다혜한테도 사과하고요!"

은혜가 의찬이를 쳐다보며 말했어요. 은혜와 눈이 마주친 의찬이는 얼른 고개를 앞으로 돌렸어요.

'어떡하지. 은혜가 나인 걸 아나 봐.'

의찬이는 질끈 눈을 감았어요. 심장이 터질 것처럼 빠르게 뛰었어요. 내가 했다고 고백을 하자니 너무 두렵고 창피했어요. 그렇다고 숨길 수도 없는 노릇이었어요. 은혜가 모든 걸 다 알고 있으니까요.

"선생님……."

고민 끝에 의찬이는 쭈뼛쭈뼛 손을 들었어요.

"죄송합니다……. 제가 그랬어요."

"뭐라고?"

선생님과 반 아이들은 너무 놀라 할 말을 잃었어요. 학생회장이 된 의찬이가 그런 짓을 벌였으리라고는 상상도 못했으니까요.

"의찬아. 왜 그런 짓을 했니?"

"학생회장에 당선되지 못할까 봐요……."

의찬이의 말에 아이들은 당혹감을 감추지 못했어요.

의찬이가 한 행동이 알려지자 학교에서는 이번 선거가 정당하게 치러지지 않았다며 의찬이가 부정한 방법으로 당선되었다고 판단했어요. 그래서 의찬이의 학생회장 자격을 박탈하기로 결정했어요. 의찬이에게는 다혜에게 진심을 담아 사과하고, 전교생을 향해 사과문을 쓰라는 징계를 내렸어요.

의찬이는 병원에 입원한 다혜를 찾아가 사과하기로 마음먹었어요. 자기가 만든 소문 때문에 다혜가 많이 아파한다는 이야기를 듣자, 그제야 자신이 얼마나 나쁜 짓을 저질렀는지 깨달았거든요.

"그냥 정정당당하게 겨뤄 볼걸. 괜히 나쁜 소문을 만들어서 다혜를 아프게 하고, 친구들한테 창피만 당하고……."

의찬이는 진심으로 자신의 행동을 후회했지만 이미 돌이킬 수 없는 일이었답니다.

가짜 뉴스는 왜 생길까?

　의찬이가 가짜 뉴스를 학생회장 선거에 이용한 것처럼, 가짜 뉴스는 실제 선거에서도 자주 쓰여요. 가짜 뉴스를 퍼트려서 상대 후보자를 떨어뜨리려는 목적이지요. 가짜 뉴스가 위험한 건 누군가에게 피해를 주려는 나쁜 의도가 있기 때문이에요. 연예인에 대한 소문처럼 흥미 위주인 가짜 뉴스라고 해도, 진실이 아니라면 대중을 속이고 기만하는 행위이거든요.

　그렇다면 많은 사람들에게 피해를 주는 가짜 뉴스는 왜 생기는 걸까요? 그리고 누가 만드는 걸까요?

트럼프, 가짜 뉴스로 당선되다?

2016년 11월 8일, 미국을 포함한 전 세계는 깜짝 놀랐어요. 공화당 후보 도널드 트럼프가 대통령에 당선되었기 때문이에요. 당시 대다수의 사람들은 라이벌이던 민주당 후보 힐러리 클린턴이 당선될 거라고 예측했어요. 하지만 이를 비웃기라도 하듯, 최대 경합지인 플로리다와 오하이오, 펜실베이니아 등을 석권하면서 트럼프가 미국의 45대 대통령으로 당선되었어요.

일각에서는 트럼프가 가짜 뉴스로 당선되었다며 의혹을 제기했어요. 트럼프에게 유리한 가짜 뉴스가 전파되면서 힐러리의 지지율은 떨어지고, 트럼프의 지지율은 올랐다는 것이었어요.

실제로 유명 방송사의 로고를 그대로 베낀 가짜 뉴스 사이트에는 트럼프가 한 말인 것처럼 꾸민 기사들이 버젓이 올라왔어요. 트럼프 지지자들이 이 기사가 사실인 것처럼 SNS로 퍼 갔다고 가짜 뉴스 사이트의 운영자는 증언했어요.

그 외에도 "힐러리의 건강 상태가 좋지 않다.", "교황이 트럼프를 지지한다.", "힐러리가 이슬람 단체에 무기 판매를 허락했다."와 같은 가짜 뉴스가 대선 기간 동안 SNS를 통해 전파되었어요. 사람들은 이러한 가짜 뉴스가 힐러리 지지율에 큰 영향을 미쳤다고 믿었어요.

하지만 이에 반박하는 연구도 등장했어요. 당시 미국 대선 유권자들의 소셜 미디어(페이스북, 트위터 같은 SNS) 활동을 분석한 결과, 가짜 뉴스를 만들고 퍼트리는 사람은 매우 적었다고 확인된 거예요. 소수 사람들만 가짜 뉴스를 접했기 때문에 트럼프 당선에 큰 영향을 끼치지 않았다는 것이었지요.

그럼에도 아직도 트럼프의 당선에 의문을 품은 사람들이 많이 있어요. 트럼프는 정말 가짜 뉴스로 당선된 걸까요? 아니면 이 역시 또 다른 가짜 뉴스일까요?

우리의 세금을 도둑맞고 있다고? (영국 브렉시트 가짜 뉴스 건)

2016년 6월, 영국에서는 브렉시트(Brexit) 찬반 국민 투표가 시행되었어요. 브렉시트란 영국의 '유럽연합(EU) 탈퇴'를 뜻하는 말이에요. 영국(Britain)과 탈퇴(Exit)의 합성어지요.

경제공동체로 조직된 유럽경제공동체(ECC)가 1993년 유럽연합으로 새롭게 탄생하면서 유럽연합은 유럽 국가들의 정치, 경제적인 통합을 위해 힘썼어요. 유로화라는 동일한 화폐를 쓰고, 유럽 중앙은행과 유럽 의회를 설립해 유럽 공동체를 만들어 나갔지요. 그런데 영국이 무려 43년 만에 탈퇴를 선언한 거예요.

탈퇴하려는 데는 여러 이유가 있지만 대표적으로 '실업률의 증가'와 '유럽연합에 지급하는 분담금' 때문이었어요. 유럽연합에 가입한 국가들은 유럽연합 시민으로서 어느 유럽 국가를 가든 일을 구할 수 있었어요. 영국도 예외는 아니었지요. 많은 이주 노동자들이 영국으로 건너와 일자리를 구해 살고 있었거든요.

유럽연합 회원국들은 노동력과 석유, 석탄과 같은 원자재를 저렴하게 주고받으며 경제력을 키울 수 있었어요. 영국 역시 이주 노동자들의 값싼 노동력 덕분에 경제 발전의 원동력을 얻을 수 있었지요. 하지만 영국 언론은 이러한 점은 알리지 않았어요. 오히려 유럽연합으로 받는 피해 규모를 부풀리는 등 가짜 뉴스로 시민들을 선동하기 시작했어요.

또한 유럽연합의 재정 상태가 나빠지자 영국이 내야 할 분담금이 커졌고, 이로 인해 영국에도 좋지 않은 영향을 끼칠 수 있다는 불안감을 조성했어요. 그 결과, 시민들은 유럽연합을 탈퇴해야 한다고 목소리를 높였어요. 유럽연합을 탈퇴하면 지금보다 훨씬 더 영국 상황이 좋아질 거라고 믿었기 때문이에요.

결국 2016년 6월, 브렉시트 탈퇴에 관한 찬반 투표가 시행되었고 유권자 52%가 탈퇴하는 데 찬성하는 표를 던졌어요.

그런데 찬성표가 많이 나오는 데 가짜 뉴스가 영향을 미쳤다는 의혹이 제기되었어요. 당시 영국 유명 일간지 〈더 선〉은 "여왕이 브렉시트를 지지한다.", "유럽연합이 영국과 프랑스를 합병하려고 한다.", "유럽연합이 쇼핑백 사용을 금지하려고 한다." 같은 가짜 뉴스를 보도했어요. 〈더 선〉은 하루에 무려 250만 부를 판매하는 신문사였어요.

또한 브렉시트를 찬성하는 당에서는 영국 시민이 낸 세금 가운데 3억 5천만 파운드가 유럽연합으로 보내진다면서, 유럽연합을 탈퇴하면 그 돈으로 의료, 교육 등 더 많은 복지에 투자할 수 있다고 국민을 선동했어요. 하지만 3억 5천만 파운드가 유럽연합에 쓰인다는 것은 거짓말이었어요. 즉, 가짜 뉴스였던 것이지요.

투표로 탈퇴가 결정되었지만 유럽연합에서 바로 탈퇴를 할 수는 없어요. 탈퇴 후 변화되는 상황들에 대한 협의가 필요하기 때문이에요. 그래서 브렉시트는 지금까지도 영국 내에서 논의가 뜨겁답니다.

옐로 저널리즘, 황색 언론!

옐로 저널리즘(yellow journalism) 혹은 황색 언론이란 말을 들어 본 적이 있나요?

옐로 저널리즘은 독자를 끌어들이기 위해 흉악 범죄나 성적인 내용, 특이한 사건 등 선정적이고 비도덕적인 기사들을 과도하게 취재하고 경쟁적으로 보도하는 언론 활동을 말해요. 우리말로는 황색 언론이라고 하지요.

옐로 저널리즘은 미국의 신문왕 퓰리처와 언론 재벌 허스트에 의해 탄생했어요. 퓰리처는 신문이 많이 팔리게 하려고 선정적인 기사를 마구 실었어요. 그 덕분에 그의 신문사 〈뉴욕월드〉는 미국 최고 발행 부수를 기록했지요. 퓰리처는 재미없는 신문은 죄라고 하며, 살인 사건 현장의 그림을 기사로 싣는 등 자극적이고 기괴한 뉴스로 사람들의 이목을 끌었어요. 특히 그의 신문에서 인기가 많은 코너는 시사 풍자 만화 '옐로 키드'였어요.

옐로 키드는 노란 옷을 입은 가난한 꼬마의 좌충우돌 모험기를 코

믹하게 그린 만화예요. 당시 귀족 위주로 보도되던 신문에 불만이 많던 하층민들에게 열렬한 사랑을 받았어요. 그런데 언론인이던 허스트가 〈뉴욕저널〉을 창간하면서 옐로 키드의 만화가를 데리고 갔어요. 이로 인해 퓰리처와 허스트의 관계는 매우 나빠졌어요.

옐로 키드를 빼앗긴 퓰리처는 허스트를 이기기 위해 더 자극적인 기사를 실었어요. 허스트 역시 퓰리처를 이기기 위해 선정적인 기사를 쏟아 냈어요. 풍자 만화 '옐로 키드'에서 시작된 두 신문사의 경쟁이 과도하고 자극적인 취재 보도로 확대되었지요. 이로 인해 이슈가 되는 사건이나, 선정적이고 기괴한 사건을 보도하는 언론을 '옐로 저널리즘', 즉 황색 언론이라고 부르게 되었답니다.

그런데 매년 훌륭한 기사를 쓰는 언론인에게 주는 언론계의 노벨상이 있어요. 바로 퓰리처상이지요. 이 상이 〈뉴욕월드〉를 만든 퓰리처의 유산으로 창설되었다고 하니 참 아이러니하지 않나요?

가짜 뉴스를 만드는 사람들

가짜 뉴스는 누가 만드는 걸까요? 사실 가짜 뉴스를 만든 사람들이 누구인지 정확히 알 수는 없어요. 그래도 요즘에는 기술이 발달해서 최초 유포자를 찾아내는 경우도 꽤 많아졌어요. 가짜 뉴스를 만드는 사람들은 ==주목을 받기 위해 혹은 진짜라고 믿어서, 사람들을 속이는 게 재미있어서 등등== 다양한 이유로 가짜 뉴스를 만들어요. 가짜 뉴스

를 정치적으로 이용할 때는 자신이 지지하는 정당을 위해서, 혹은 자신이 싫어하는 정당의 지지율을 떨어뜨리기 위해서 만들곤 하지요.

문제는 개인이 가짜 뉴스를 전파하는 것을 넘어, 조직적으로 가짜 뉴스를 생산하는 단체가 늘고 있다는 거예요. 최근에는 자동으로 가짜 기사를 만들어 주는 앱과 사이트들도 등장했어요. 또한 가짜 뉴스 사이트를 만들어 운영하는 업체도 있고요. 앱이나 사이트, 개인 방송의 구독자가 많아지면 광고가 많이 들어와 수익을 높일 수 있어요. 그래서 구독자를 늘리고자 더 자극적인 가짜 뉴스를 생산하는 거예요.

가짜 뉴스는 혐오 때문에 생겨나기도 해요. 이슬람 난민에 대한 혐오 때문에 이슬람 사람들이 범죄를 저지르고 다닌다는, 검증되지 않은 얘기들이 가짜 뉴스로 만들어져서 지금도 떠돌고 있어요.

이처럼 가짜 뉴스는 그 목적도, 이유도 다 달라요. 그로 인해 피해를 받는 사람들은 셀 수 없이 늘고 있지요.

가짜 뉴스는 많은 대중을 속이고, 피해를 입은 당사자에게는 씻을 수 없는 상처를 남기기 때문에 중대한 범죄라고 할 수 있어요. 그래서 가짜 뉴스를 만드는 사람은 물론, 가짜 뉴스를 퍼트리는 사람까지 모두 법적인 처벌을 받을 수 있답니다. 실제로 유명 연예인에 대한 루머를 진짜인 것처럼 유포했다가 고소를 당한 사람들도 있어요. 호기심이나 재미로 가짜 뉴스를 만들고 퍼트렸다가는 범죄자가 될 수 있는 거죠.

가짜 뉴스가 범죄라는 사실을 꼭 기억하고, 가짜 뉴스가 사라질 수 있도록 우리 모두 함께 노력해 보아요. 가짜 뉴스 만들지 않기! 퍼트리지도 않기! 잊지 말아요.

가짜 뉴스, 왜 쉽게 믿는 걸까?

가짜 뉴스가 이렇게 많이 생산되는 이유는 아마도 그것을 믿는 사람들이 많아서일 거예요.

대부분의 가짜 뉴스는 자극적이고 반복적으로 나타나요. 평범한 이야기보다 자극적인 스토리가 훨씬 더 기억에 잘 남는 법이거든요. 게다가 한 번 보면 잊어버리는 것도 계속 반복해서 보면 더 오래 기억에 남아요.

우리의 뇌는 망각, 즉 잊어버리게 하는 능력이 있어요. 뇌에 들어오는 수많은 정보들 중 자주 언급되는 정보만 남기고 나머지는 삭제해 버려요. 꼭 기억해야 할 중요한 정보라고 할지라도 내가 그 정보를 계속 생각하지 않는다면 뇌가 삭제해서 금방 잊게 되는 거예요. 하지만 별로 중요하지 않은 정보라도 계속 보고 생각하게 되면 뇌는 그 정보를 삭제하지 않고 놔두게 된답니다.

가짜 뉴스를 TV에서 보고, 인터넷에서도 보고, SNS에서도 보게 된다면 어떻게 될까요? 동일한 정보를 반복적으로 보게 되니 기억에 더욱 남게 될 거예요. 그러면 뇌는 가짜 뉴스를 사실로 받아들이기가 더 쉽겠지요?

이제 자극적인 뉴스에 흥미를 갖기보다는 진짜 필요한 뉴스를 선별해 보고 내가 본 뉴스 내용이 진짜인지 확인하는 습관을 갖도록 해요.

이야기 넷

SNS 속 범인은 내가 아니라고!

"여기가 대만이구나!"

공항에서 나온 현수가 펄쩍펄쩍 뛰며 소리쳤어요.

"형! 우리 망고 빙수 꼭 먹자!"

"당연하지. 야시장에서 지파이도 먹어 보자. 닭튀김인데 내 손바닥만 하대."

"오, 내가 제일 좋아하는 닭튀김!"

현수는 이것저것 먹을 생각에 가슴이 설렜어요.

이번 가족 여행은 처음으로 해외로 가는 여행이에요. 3박 4일로 일정이 짧아서 여행지는 가까운 대만으로 오게 되었지요. 게다가 현수가 제일 좋아하는 사촌 형 태호와 함께 와서 현수는 이번 여행이 더욱 기대되었어요.

"자, 호텔로 가서 짐을 풀고 본격적으로 시내 구경을 해 볼까?"

아빠가 캐리어를 끌며 말했어요.

"좋아요! 얼른 가요, 얼른요!"

현수는 신이 나서 저 멀리 앞서갔어요.

호텔은 공항에서 한 시간 거리에 있었어요. 현수는 태호와 한 방을 썼어요.

"와!"

현수는 모든 것이 신기했어요. 호텔 방 창문으로 보이는 대만 시내 풍경도, 지나다니는 사람들도 뭔가 색다르게 보였어요. 태호는 방 곳곳을 사진으로 찍느라 정신이 없었어요.

"형, 그냥 방인데 사진은 뭐 하러 찍어?"

"여행 첫날 기념으로! 이따 저녁에 별포토그램에 올릴 거야."

"오! 나도 그거 얼마 전에 가입했는데!"

"그래? 어디 봐."

태호가 현수의 스마트폰을 들여다보았어요. 별포토그램은 최근 많은 사람들이 이용하는 소셜 네트워크 서비스(SNS)예요.

"뭐야. 사진이 달랑 하나야? 형꺼 좀 봐. 엄청 많지?"

태호는 자신의 스마트폰에 깔린 별포토그램 앱을 클릭했어요. 그러자 사진들이 줄줄이 떠올랐어요.

"와, 이게 다 형이 올린 거야? 나 시작한 지 얼마 안 돼서 이거 하는 방법을 잘 몰라."

"간단해. 내가 사진을 올리면 나랑 친구 맺은 사람들이 이렇게 하트를 눌러 줘."

"하트를 받으면 좋은 거야? 게임 머니 같은 건가?"

"아냐. 그냥 사진이 좋다, 마음에 든다, 뭐 이런 의사 표시라고 보면 돼."

"이것도 형이 찍은 거야?"

현수가 딸기가 듬뿍 올라간 생크림 케이크 사진을 보며 물었어요.

"아니. 이건 내 친구가 올린 사진이고 이거랑 이것도 내 친구들이 올린 사진이야."

태호가 손가락으로 화면을 움직이자 태호의 사진들이 아닌 다른 사진들이 펼쳐졌어요. 아무래도 태호의 사진 계정이 아니라 다른 사람의 계정 같았지요. 태호는 익숙하게 손가락으로 사진들을 눌렀어요. 그러자 태호 또래의 다른 아이가 등장하는 사진들이 펼쳐졌어요. 놀이동산에서 찍은 사진, 연예인 사진, 바다 사진들이 좌르르 올라왔어요.

"와! 이 사람은 누구야? 혹시…… 형 여자 친구?"

현수가 가리킨 사진에는 교복을 입은 여학생이 아이스크림을 든 채 활짝 웃고 있었어요.

그러자 태호가 현수의 머리에 꿀밤 한 대를 주었어요.

"으이그, 그냥 같은 반 친구야. 얘 계정에도 가끔 들어와서 봐."

"여자 친구도 아닌데, 이렇게 사진을 막 봐도 돼?"

"이렇게 보라고 올리는 건데? 그리고 얘는 나랑 친구를 맺었으니깐 괜찮아."

"아, 그럼 친구를 맺어야지만 사진을 볼 수 있는 거구나?"

"음, 그건 아냐. 친구가 아니더라도 사진을 올릴 때 '공개'로 설정하면 누구든 사진을 볼 수 있어. 모르는 사람도."

"모르는 사람도? 윽, 모르는 사람이 내 사진을 본다고 생각하니까 너무 창피하다."

"너는 맨날 이상한 표정을 짓고 사진 찍으니까 그렇지."

"헤헤, 그건 그래."

"형이랑 친구 맺자."

"그래! 나도 대만 사진을 많이 찍어서 올려야지."

호텔에서 휴식을 보낸 현수네 가족은 본격적으로 야시장 구경에 나섰어요. 어느새 날은 어둑어둑해졌어요. 야시장은 이미 많은 사람들로 북적였어요. 현수네처럼 관광을 온 한국인도 많았어요.

"저거 맛있겠다! 저것도!"

현수는 보이는 먹거리마다 맛있겠다며 군침을 흘렸어요.

"지파이다!"

"어디, 어디?"

태호의 말에 현수가 가던 길을 멈추었어요. 닭튀김 사진이 걸려 있는 작은 노점상에는 이미 긴 줄이 서 있었어요.

"엄마! 우리 이거 먹어요!"

"줄이 너무 긴데? 엄마랑 아빠가 줄을 서고 있을 테니깐 너는 태호랑 구경을 더 하고 와."

"와, 진짜요? 그럼 다녀올게요!"

현수는 태호의 팔을 붙잡고 얼른 시장 안으로 들어갔어요. 시장 안에는 옷 가게, 모자 가게, 화장품 가게, 음식점 등 다양한 상점이 빽빽

이 들어서 있었어요.

"현수야. 잠깐만!"

태호가 모자 가게 앞에 멈춰 섰어요.

"모자 사려고?"

"응. 깜빡하고 모자를 안 챙겨 왔거든. 내일은 더 덥다고 하니까 모자를 쓰고 다니려고."

현수는 태호와 모자 가게 안으로 들어갔어요. 태호는 하얀 모자, 검은 모자, 화려한 패턴이 들어간 모자를 차례로 써 보았어요. 그러고 나서 영어가 적힌 검은색 모자를 골랐어요.

"멋있다! 잘 어울려."

"그래? 그럼 사진 좀 찍어 볼까?"

태호는 계산을 치르고 나서, 멋진 포즈로 셀카를 찍었어요.

시장을 한 바퀴 돌고 오자 엄마 아빠가 지파이 상점 앞에서 기다리고 있었어요.

"자, 이건 현수 꺼. 이건 태호 꺼."

아빠가 손바닥만 한 지파이를 하나씩 건네주었어요. 고소한 튀김 냄새가 금세 퍼졌어요.

"잘 먹겠습니다!"

현수와 태호는 얼른 지파이를 한 입 베어 물었어요.

야시장을 즐겁게 구경하고 나서 현수네 가족은 호텔로 돌아왔어요.

"아, 피곤하다. 그래도 별포토그램에 사진은 올려야지!"

태호가 침대에 누워 스마트폰을 하며 말했어요.

"나도! 나도 올릴래!"

현수도 덩달아 사진을 올렸어요. 그리고 둘은 피곤했는지 스르륵 잠이 들어 버렸답니다.

"아, 또 가고 싶다."

한국으로 돌아온 뒤에도 현수는 사진을 보며 대만 여행을 떠올렸어요. 인터넷으로 대만 여행, 대만 먹거리 등을 검색하며 대만 여행을 다녀온 사람들의 블로그를 찾아보기도 했지요.

"응? 이건 뭐지?"

그러다 우연히 대만과 관련된 인터넷 기사를 하나 보았어요.

> **○○신문**　　**대만 스린 야시장 모자 가게에서 모자를 훔친 한국인 절도범 잡혀**
>
> "여러 모자를 써 보더니 그냥 도망갔다. 한국말을 쓰는 사람이었다." (주인 인터뷰)

"모자를 훔쳐 갔다고? 누가 이런 짓을 한 거야?"

기사 속 모자 절도범이라고 올라온 사진은 모자이크로 가려져 누구인지 정확히 알 수 없었어요. 누리꾼들은 기사 하단에 '한국인 망신이다', '누구인지 신상을 공개해라!' 같이 절도범을 질타하는 댓글을 올렸지요. 현수 역시 한국의 이미지를 나쁘게 만든 절도범이 벌을 받았으면 좋겠다고 생각했어요.

문제는 그 다음 날에 일어났어요. 모자이크가 제거된 사진이 '모자 절도범 사진 원본'이라는 이름으로 인터넷에 돌아다니고 있었던 거예요.

"현수야! 뭐 하냐?"

 마침 주말을 맞아 태호가 현수네 집에 놀러 왔어요.

 "너 또 인터넷을 하고 있는 거야? 삼촌한테 이른다!"

 "노는 게 아니라 기사를 보고 있었어."

 "기사? 무슨 기사?"

 "대만 야시장에서 한국인이 모자를 훔쳤다는 기사! 그 절도범 사진이 공개됐대."

 "정말?"

 태호가 호기심 어린 얼굴로 물었어요.

"응. 여기 내가 자주 가는 인터넷 카페인데 누가 그 사진을 올려놨나 봐."

현수는 '모자 절도범 사진 원본'이란 제목의 게시물을 클릭했어요. 그러자 사진 한 장이 나타났어요.

"뭐야! 형 사진이잖아?"

현수와 태호는 깜짝 놀랐어요. '모자 절도범 사진 원본'이라고 올라온 사진은 다름 아닌 태호의 사진이었어요. 사진은 현수와 함께 방문한 야시장의 모자 가게에서 찍은 것이었어요.

"말도 안 돼! 왜 형 사진이 여기에 있지?"

"뭔가 잘못된 게 틀림없어!"

태호는 그때 찍은 사진을 확인하러 별포토그램에 접속했어요. 그러자 '모자 절도범

사진 원본'이라는 이름의 게시물이 마구 올라왔어요.

- 이 사람이 모자 절도한 사람!
- 뭐야. 어리잖아? 학생이 벌써부터 도둑질을 해?
- 한국 망신 다 시켰네!

사람들은 사진의 주인공이 진짜 절도범인지 아닌지 확인하지도 않은 채 가짜 정보를 철석같이 믿었어요. 아무 죄도 없는 태호를 범인으로 단정 지었지요.

"왜 하필 형 사진이 퍼지게 된 걸까?"

"누가 내 별포토그램에 들어와서 내 사진을 도용한 것 같아. 대만 모자 가게에서 찍었다는 글만 보고 내가 범인이라고 착각한 거지."

"그래도 그렇지! 사실인지 아닌지 확인은 해야 할 거 아냐!"

"헉, 벌써 많은 사람들이 내 별포토그램에 찾아와서 악플을 남기고 있어."

"그럼 얼른 댓글 달아! 형이 범인 아니라고."

현수의 말대로 태호는 자신은 범인이 아니며 사진을 도용당했을 뿐이라고 댓글을 달았어요. 하지만 사람들은 태호의 말을 믿어 주지 않앉어요. 그렇게 끔찍한 며칠이 흘러갔어요.

> ○○신문
>
> **온라인상에서 퍼졌던
> 대만 모자 가게 절도범 사진은 가짜**
>
> 진짜 범인은
> 30대 남자 이 모 씨로 밝혀져

며칠 뒤 다행히도 진짜 절도범의 신상이 밝혀졌어요. 그러면서 태호도 누명을 벗게 되었어요. 하지만 어느 누구도 이 사실에 대해 반성은커녕 피해를 입은 태호에게 사과하지 않았어요.

태호는 진짜 범인이 밝혀지면 모든 것이 바로잡힐 줄 알았지만 달라지는 것은 아무것도 없었지요. 태호는 눈에 띄게 의기소침해졌어요.

"형, 그래도 다행이야. 형이 범인이 아니라는 게 밝혀졌으니까."

"그러면 뭐해. 이미 내 얼굴은 다 알려졌는걸……."

태호는 풀이 죽은 목소리로 대꾸했어요. 의기소침해 있는 태호를 보자 현수의 마음도 좋지 않았어요. 그때 아빠가 태호와 현수를 불렀어요.

"태호, 현수. 잠깐 이리로 와 보렴."

태호와 현수가 거실로 나가자 아빠가 태호의 어깨를 다독여 주었어요.

"이번 일로 태호가 마음이 많이 상했겠구나. 그치?"

"네, 삼촌······."

"근데 태호야. 이런 일은 예전에도 많이 일어났단다. 가짜 뉴스는 아주 오래전부터 있었거든."

"가짜 뉴스요?"

태호가 고개를 들며 물었어요.

"응. 네가 이번에 겪은 일도 가짜 뉴스 때문이야. 사람들이 확인되지 않은 뉴스를 믿는 바람에 아무 죄도 없는 네가 피해를 입은 거지. 더군다나 최근에는 SNS를 통해서 가짜 뉴스가 더 빠르고 광범위하게 퍼지게 되었단다."

"맞아요, 아빠! 별포토그램에 올린 태호 형의 사진을 다들 맘대로 퍼 갔거든요. 인터넷에 사진이 퍼지게 된 것도 사람들이 자기 SNS에 형의 사진을 마구 올렸기 때문이에요."

"그래서 SNS처럼 많은 사람들이 소통하는 공간에서는 되도록 사적인 정보는 공개하지 않는 게 좋을 것 같아. 사진이나 글을 올릴 때도 신중하게 고민해야 해. 다른 사람의 게시물을 공유할 때도 사실인지 꼭 확인해 보는 습관을 들여야 하고."

아빠의 말에 태호가 고개를 끄덕였어요.

"네. 예전에는 아무 생각 없이 제 사진을 공개하고 다른 사람의 글과 사진을 퍼 오기도 했는데요. 이제는 정말 조심해야겠어요."

"나도! 나도 조심할게요!"

현수도 굳게 결심한 듯 씩씩하게 외쳤어요.

"좋아. 며칠간 마음고생이 심했을 텐데 우리 태호를 위해 아빠가 치킨 쏜다!"

"우와! 치킨 먹은 거 사진 찍어서 별포토그램에 올려야지!"

현수가 스마트폰을 들고 호들갑을 떨자 태호가 피식 웃으며 말했어요.

"뭐야. SNS 조심한다며?"

"아니, 그게…… 치킨 사진은 내가 안 나오니까 괜찮지 않을까?"

당황하는 현수를 보며 태호는 오랜만에 환하게 웃었답니다.

소셜 미디어로 퍼져 나가는 가짜 뉴스

 태호는 SNS에 올린 사진 한 장 때문에 모자 절도범이라는 누명을 쓰고 말았어요. 사람들은 확인하지도 않고 태호의 사진을 자신의 SNS에 무단으로 퍼 가며 모자 절도범이라는 가짜 뉴스를 만들어 내는 데 함께했고요. 이처럼 SNS와 같은 소셜 미디어는 가짜 뉴스를 퍼트리는 데 큰 역할을 하기도 한답니다.
 가짜 뉴스와 소셜 미디어의 관계를 자세히 알아볼까요?

인터넷의 발달로 가짜 뉴스가 엄청나게 늘어났어!

인터넷이 되지 않던 60, 70년대에는 뉴스를 어떻게 보았을까요? 그때는 신문 기자가 취재한 신문 기사를 읽거나 방송 기자가 취재한 뉴스를 일방적으로 볼 수밖에 없었어요. 아나운서가 전달하는 뉴스를 보고 듣는 것이 다였지요. 그 뉴스에 대한 내 개인적인 의견은 어디에도 표현할 곳이 없었어요.

하지만 컴퓨터가 보급되고 인터넷이 발달하면서 뉴스도 일방이 아니라 쌍방이 소통하는 방식으로 바뀌었어요. 사람들은 오늘 나온 뉴스에 대한 개인적인 의견을 댓글로 적기도 하고, 잘못 전달된 내용은 고쳐 달라고 뉴스 사이트 게시판에 글을 올리기도 해요. 이처럼 뉴스를 만드는 쪽과 뉴스를 보는 사람들이 서로 쌍방향 소통이 가능해진 거예요.

이렇듯 인터넷 게시판이나 인터넷 뉴스 댓글창과 같은 사이버 공간에 자신의 의견을 자유롭게 표현할 수 있게 되면서 또 다른 일들도 생겨났어요. 온라인상에서 '가수 ○○와 배우 ○○가 사귄다더라.'와 같은 검증되지 않은 소문이 돌거나, 허위 사실을 진짜인 것처럼 댓글 창에 남겨 많은 사람들이 속는 일들도 늘게 된 거예요.

더군다나 스마트폰이 널리 보급되면서 사람들은 언제 어디서든 실시간으로 정보를 공유하게 되었지요. 그러면서 이러한 가짜 뉴스는 더더욱 많이 생산되고 빠르게 퍼지게 되었어요. 전 세계의 인터넷 사용자 10명 중 9명은 가짜 뉴스에 속은 경험이 있다고 응답했으니 말이에요.

소셜 미디어가 가짜 뉴스를 전파한다고?

소셜 미디어는 페이스북, 트위터와 같은 SNS에 가입한 이용자들이 서로 정보와 의견, 경험 등을 공유하며 관계를 넓히는 온라인 도구를 뜻해요.

소셜 미디어를 이용하면 다양한 나라의 친구들과 대화할 수 있고, 사진이나 최근 이슈 등을 공유하며 폭넓게 관계를 맺을 수 있지요. 다양한 사람들과 자유롭게 소통할 수 있어서 정보를 공유하는 속도도 무척 빠르고 그 범위도 매우 넓어요. 하지만 그러한 점 때문에 검증되지 않은 소문들이 바로잡을 새도 없이 빠르게 확산되기도 하지요. SNS에서 가짜 뉴스가 진짜 뉴스로 둔갑해서 사람들을 속이는 일도 많이 일어나요.

특히 SNS는 나와 친구를 맺은 사람들과 소통하는 공간이기 때문에 가짜 뉴스를 전달하면 상대방이 더 쉽게 믿는 경향이 있어요. 내 SNS 친구가 전해 준 뉴스라는 점에서 신뢰하게 되는 것이죠. 가짜 뉴스는 나의 또 다른 SNS 친구에게, 그리고 그 친구의 또 다른 친구에게 전

달되면서 빠르게 번져 나갑니다.

　더 큰 문제는 소셜 미디어에 올라오는 뉴스를 검증할 방법이 딱히 없다는 거예요. 신문이나 방송과 같은 전통 미디어의 경우에는 출처가 있어요. 그래서 기자들이 내용을 확인하며 사실 여부를 검증할 수 있지만, 소셜 미디어의 경우에는 출처도 분명하지 않고 검증 절차도 없어요.

　게다가 소셜 미디어에 올라오는 뉴스는 대체로 사람들의 눈길을 끌 만한 것들이거나 이해하기 쉬운 뉴스들이에요. 다시 말해 사람들의 관심을 끌기 위해 자극적이고 재미있는 주제로 가짜 뉴스를 만들지요. 하지만 사람들은 뉴스의 내용이 가짜인지 진짜인지에는 관심이 없어요. 수백만 명의 사람들이 소셜 미디어에 올라온 가짜 뉴스를 클릭하고, 전파하는 데 말이에요.

　그래서 지금이라도 소셜 미디어가 가짜 뉴스를 확산하는 데 어느 정도 책임이 있음을 인정하고, 가짜 뉴스가 확산되지 않도록 대응법을 마련해야 한다는 목소리가 나오고 있답니다.

가짜 뉴스의 전파 속도는 진짜 뉴스보다 6배나 빨라!

가짜 뉴스에서 문제가 되는 건 꼭 내용 때문만은 아니에요. 눈 깜짝할 새에 퍼져 버리는 빠른 전파력도 무시할 수 없는 위험 요소거든요. 미국 매사추세츠 공과대학교에서 가짜 뉴스가 진짜 뉴스에 비해 온라인에서 얼마나 빠른 속도로 확산되는지 연구했어요. 그 결과, 가짜 뉴스의 전파 속도가 진짜 뉴스보다 평균 6배나 빠르다는 것이 밝혀졌어요. 가짜 뉴스가 1,500명에게 전파되는 데 평균 10시간이 걸리는 반면, 진짜 뉴스는 60시간이 걸렸지요. 가장 빨리 퍼진 가짜 뉴스는 가장 느리게 퍼진 진짜 뉴스보다 무려 20배나 빠르게 나타났어요.

사람은 새로운 것에 흥미를 느끼고, 자기가 알고 있는 정보를 남들과 공유하려는 심리가 있다고 해요. 그래서 진짜 뉴스보다 훨씬 자극적이고 새로운 가짜 뉴스에 더 많은 흥미를 갖고 이것을 SNS나 인터넷으로 공유하게 되지요. 그 결과, 가짜 뉴스가 훨씬 빠른 속도로 전파되는 거예요.

가짜 뉴스가 판치는 동영상 공유 사이트

인터넷이 발달하고 스마트폰이 보급되면서 우리는 언제 어디서든 유튜브 동영상을 볼 수 있어요. 유튜브는 이용자가 동영상을 직접 올리고 시청하며 많은 사람들과 공유할 수 있는 무료 동영상 사이트예요. 전 세계에서 한 달 동안 유튜브를 이용하는 사람들은 약 19억 명에 달해요. 우리나라 역시 3천만 명이 넘는 사람들이 유튜브를 이용했어요. 5천만 국민의 절반 이상이 유튜브를 구독한 셈이지요.

유튜브는 이용자들이 스스로 뮤직비디오, 예능, 드라마, 운동, 외국어 등 다양한 정보를 담은 영상 콘텐츠를 제공해요. 또한 이용자들은 이러한 영상을 무료로 시청할 수 있지요. 하지만 정보가 다양한 만큼 거짓된 정보도 넘쳐 나요. 그래서 콘텐츠를 받아들이는 데 각별히 주의해야 해요.

유튜브의 가장 큰 특징은 1인 방송이 가능하다는 거예요. 개인이 제작한 동영상을 자신의 채널에 올려서 다른 사람과 공유할 수 있지요. 채널 구독자 수와 동영상 조회 수가 높을수록 광고가 더 들어오기 때문에 많은 수익을 올릴 수 있어요. 그러다 보니 자극적인 섬네일(thumbnail)과 거짓 정보를 진짜인 것처럼 그럴 듯하게 만들어 올리는 일이 빈번하게 생겨요. 영상 콘텐츠들 가운데는 이미 증명된 과학적인 사실마저 부정하는 콘텐츠들도 많이 있어요.

한동안 온라인을 떠들썩하게 만든 '지구 평면설' 역시 유튜브를 통해 널리 퍼진 대표적인 가짜 뉴스예요. '지구 평면설'은 지구가 둥근 공 모양이 아니라, 평평한 원반 형태로 되어 있다는 가설이에요. 지구가 둥글다는 것은 이미 과학적으로 검증된 사실이에요. 그럼에도 불구하고 이 사실을 부정하고 지구 평면설을 믿는 추종자들이 점점 늘고 있어요.

미국 텍사스 공과대학교 애슐리 랜드럼 교수는 지구 평면설을 믿는

사람들이 갑자기 늘어나게 된 배경에는 유튜브가 있다는 연구 결과를 발표했어요. 지구 평면설이 마치 실제인 것처럼 그럴 듯하게 제작한 유튜브 영상을 보고 많은 사람들이 지구 평면설을 믿게 되었다는 것이지요.

이러한 점 때문에 우리는 스스로 유튜브에서 가짜 뉴스를 골라낼 수 있는 능력을 길러야 해요. 또한 범람하는 가짜 뉴스에 쉽게 휩쓸리지 않도록 주의해야 해요.

유튜브 역시 가짜 뉴스가 무분별하게 올라오지 않도록 재발 방지를 약속하고, 가짜 뉴스를 골라낼 수 있는 시스템을 구축하도록 노력해야 해요. 그래야 많은 이용자들이 유튜브에서 다양한 콘텐츠를 안심하고 시청할 수 있을 테니까요.

가짜 뉴스는 만드는 것도, 전달하는 것도 불법이야!

"가짜 뉴스는 개인의 인격을 침해하고 사회에 혼란을 일으키는 공동체 파괴범입니다. 개인의 의견을 왜곡하고, 나와 다른 계층이나 집단에 대한 증오를 불러일으키는 등 민주주의를 위험에 빠트리고 있습니다. 이제 가짜 뉴스에 관해 엄중한 대책을 마련하겠습니다."

이낙연 총리는 2018년 10월 2일에 열린 국무 회의에서 가짜 뉴스에 대한 대책을 마련하겠다고 선포했어요. 가짜 뉴스가 심각한 사회 문제로 대두되자, 정부 역시 대책 마련에 발 벗고 나선 거지요. 많은 사람들이 개인의 명예와 민주주의 보호를 위해 가짜 뉴스 방지법을 마련해야 한다고 주장해요.

그렇다면 가짜 뉴스는 처벌할 수 있을까요? 굳이 가짜 뉴스 방지법이 아니더라도, 현재의 법으로 충분히 처벌이 가능해요. 가짜 뉴스 내용으로 누군가 명예를 훼손당하고 피해를 입었다면 가짜 뉴스를 만든 사람은 명예 훼손죄로 처벌을 받을 수 있어요. 또 선거를 앞두고 특정 후보에 대한 가짜 뉴스를 만들었다면 공직 선거법에 따라 처벌받게 돼요.

중요한 건 가짜 뉴스를 만든 작성자뿐만 아니라 가짜 뉴스를 전달한 사람들도 처벌을 피할 수 없다는 거예요. 인터넷이나 유튜브 등에서 가짜 뉴스를 보고 이것을 SNS나 메신저 앱 등으로 유포했다면 이 역시 명예 훼손으로 처벌받을 수 있어요. 가짜 뉴스를 전달한 것도 범죄라고 보기 때문이에요.

하지만 가짜 뉴스 방지법이 개인이 지닌 표현의 자유를 침해한다는 의견도 적지 않아요. 뉴스, 신문처럼 언론을 탄압할 수 있다는 우려의 목소리도 나오고요. 또 어디서부터 어디까지를 가짜 뉴스로 볼 것인지 그 기준점을 정하는 것도 명확하지 않아요.

그럼에도 가짜 뉴스가 많은 사람들에게 피해를 입히고, 사회를 혼란에 빠트리는 것은 명백한 사실이에요. 그래서 국회에는 가짜 뉴스 관련 법안이 여러 건 제출되어 있어요. 이제부터라도 가짜 뉴스에 관한 법안이 제정되고, 대책이 제대로 마련될 수 있도록 우리 모두 함께 고민해야 해요.

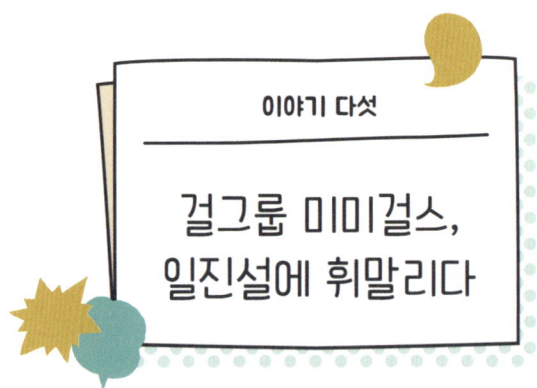

이야기 다섯
걸그룹 미미걸스, 일진설에 휘말리다

"무슨 일인데 소란스럽지?"

교실에 들어온 선생님이 아이들을 향해 물었어요. 수업이 시작됐는데도 아이들은 무슨 큰일이라도 난 것처럼 웅성대고 있었어요.

"선생님, 그 기사 보셨어요? 미미걸스 나나 일진설이 조작됐대요!"

미주가 쪼르르 나와 말했어요.

미미걸스 나나는 요즘 한창 인기 있는 걸그룹 멤버예요. 그런데 며칠 전 나나가 학교 폭력을 주도한 일진이었다는 뉴스가 보도되어, 많은 팬들은 큰 충격에 빠지고 말았어요. 급기야 나나의 탈퇴를 요구하는 사람들도 생겨났지요. 그런데 오늘 그 뉴스가 거짓임이 밝혀진 거예요.

"음, 그래. 거짓 뉴스 때문에 나나라는 친구가 상처를 많이 받은 모양이더구나."

"저희는 진짜인 줄 알았거든요."

"정말 기자가 작성한 것처럼 그럴 듯해서 믿었는데……."

"맞아요. 가짜 뉴스인지 아닌지 알 방법도 없고……."

미주와 아이들은 사실인지 확인하지도 않고 나나를 욕한 자신의 행동을 반성했어요. 하지만 그런 자신보다 더 나쁜 건 가짜 뉴스를 만든 사람들이라고 생각했지요. 선생님은 아이들의 말에 고개를 끄덕였어요.

"가짜 뉴스를 만든 사람도 잘못이지만 사실을 확인하지 않고 무턱대고 믿어 버린 우리의 잘못도 있어. 이왕 이렇게 된 거 다 같이 미디어 리터러시 교육을 해 보면 어떨까?"

"미디어 리터러시 교육이요? 그게 뭐예요?"

미주가 고개를 갸우뚱했어요.

"미디어 리터러시는 미디어를 읽고, 분석하고, 창의적으로 쓰는 능력을 말해. 저번 수업 시간에 미디어가 뭔지 배웠지?"

"네! TV나 SNS 같이 정보를 전송하는 매체를 미디어라고 해요. 미디어 리터러시는 TV나 SNS에서 전달하는 내용을 분석하고 활용하는 능력을 말하는 거고요!"

책 벌레로 소문난 은호가 자신 있게 대답했어요.

"오, 정확해!"

선생님이 엄지를 치켜세우며 웃었어요.

"근데 왜 TV에서 전달하는 내용을 분석해야 하죠? 그냥 보면 안 돼요?"

하람이가 뚱한 얼굴로 묻자 미주가 턱을 긁적이며 말했어요.

"이번에 나나 일진설을 보니까 그냥 보기만 하면 안 될 것 같아. 진짜인지 가짜인지 확인을 해야 가짜 뉴스를 찾아낼 거 아냐."

"미주 말이 맞아. 예전에는 신문이나 방송에서만 뉴스를 보았다면 지금은 유튜브, SNS, 인터넷 카페와 사이트 등 다양한 미디어에서 뉴스를 접할 수 있어. 그만큼 정보의 양도 늘어나고 다양해졌지. 수많은 정보들이 과연 진실만 얘기한다고 장담할 수 있을까?"

선생님의 말에 아이들은 골똘히 생각했어요.

"자, 너희들이 본 미미걸스 나나에 대한 기사를 다시 읽어 보자."

선생님은 교실 앞에 설치된 TV에 논란이 되었던 기사를 띄웠어요.

> **하늘 미디어** **미미걸스 나나, 일진이었다!**
> **중학교 때부터 담배 피고,**
> **동급생 폭행한 것으로 알려져**
>
> 유명 인기 걸그룹 미미걸스의 리더 나나(17)가 학교 폭력의 가해자였다는 사실이 밝혀져 충격을 주고 있다. 나나는 데뷔하기 전인 2017년에 같은 반 친구 A양에게 폭력을 휘두르고 돈을 빼앗는 등 지속적인 괴롭힘을 가했으며, 이 일로 학교에서 징계를 받은 것으로 알려졌다.
>
> "나나는 A양의 옷을 빌려 가서 돌려주지 않았고, 돈도 많이 빼앗았어요. 놀이터에서 30분 넘게 때린 적도 있어요." (피해자 A양 친구의 인터뷰)

"자, 기사를 처음 봤을 때 가장 먼저 눈에 들어온 게 뭐였니?"
"미미걸스 나나, 일진이었다!"

"맞아요! 제목이 제일 먼저 보였어요!"

아이들이 너도나도 큰 소리로 외쳤어요.

"맞아. 선생님도 인터넷에서 저 기사 제목이 가장 눈에 띄더구나. 가짜 뉴스는 사람들의 관심을 끌기 위해 자극적이고 선정적인 제목을 자주 쓰기 때문에 항상 조심해야 해."

"잠깐, 근데 저 기사를 누가 작성했는지 이름이 안 나와 있어요!"

기사를 물끄러미 보던 미주가 손을 번쩍 들며 말했어요.

"어? 정말이네?"

"왜 저걸 못 봤지?"

뒤늦게 발견한 아이들도 깜짝 놀라 소리쳤어요.

"게다가 저 신문사 이름도 좀 이상하지 않아? 하늘 미디어? 너희 이런 신문사 들어 본 적이 있어?"

은호가 안경을 치켜올리며 조용히 묻자 아이들이 황당한 표정을 지었어요.

"처음 들어 보는데?"

"나도!"

"미주와 은호가 아주 중요한 걸 발견했구나. 올바른 기사에는 항상 그 기사를 작성한 기자의 이름이 적혀 있단다. 그런데 저기에는 기자 이름도 없고 기사가 작성된 날짜도 없지? 게다가 한 번도 들어 본 적이 없는 신문사이고 말이야."

"지금 보니까 정말 이상한 게 한두 가지가 아니네요. 그럼 앞으로 무조건 처음 들어 보는 신문사면 가짜 뉴스라고 믿어도 될까요?"

까불이 세준이가 심각한 표정을 지으며 물었어요.

"가짜 뉴스라고 판단하기 전에 그 신문사가 어떤 곳인지, 믿을 만한 곳인지 먼저 정보를 찾아서 검색해 보는 게 좋아. 검색했는데 기사가 없다거나, 있어도 대부분이 검증되지 않고 자극적인 기사라면 그 매체에서 나오는 기사는 신뢰하기 어렵겠지?"

아이들은 선생님의 말에 고개를 끄덕였어요. 인터넷 기사는 무조건 사실이라고 믿는 것이 얼마나 위험한 일인지 깨달으면서 말이에요.

"너희는 왜 저 기사가 진짜라고 믿었니?"

선생님의 질문에 아이들은 기사를 다시 천천히 살펴보았어요. 하람이가 손을 들고 대답했지요.

"A양 친구의 인터뷰 때문이에요. 직접 봤다고 했으니까요."

하람이의 말에 다른 아이들도 맞장구를 쳤어요.

"흠, 그래? 근데 저 친구 말은 사실일까?"

"그건……."

"피해를 당한 A양의 입장은 기사에 나와 있지도 않아. 그것뿐만이 아니라 친구의 인터뷰도 사실이라고 단언할 수 없어."

선생님의 말에 아이들은 고개를 끄덕였어요. 은호가 곰곰이 생각하다 입을 열었어요.

"나나가 학교에서 징계를 받았다는 것도 거짓말일지 몰라요."

"왜?"

은호의 말에 미주가 물었어요.

"징계를 받은 게 확실하다면 나나가 다녔던 학교 관계자의 증언이 필요하지 않을까? 그런데 기사 어디에도 그런 말은 없잖아."

"맞아. 기사에는 '학교에서 징계를 받은 것으로 알려졌다'라고만 나와 있어. 최소한 나나한테라도 그것이 사실인지 묻는 내용이 있어야 한다고 생각해. 징계를 받았다는 게 소문일 수도 있는데 그건 확인하지도 않고 기사를 썼다는 뜻이잖아."

하람이가 은호 말에 동의하며 의견을 내세웠어요.

"은호와 하람이의 말처럼, 기사 내용이 허술하거나 너무 한쪽의 입장만 나와 있다면 가짜 뉴스가 아닌지 의심해 봐야 해."

"네, 선생님! 조금이라도 이상하면 정보를 검색해 보고 사실 관계를 확인하는 습관을 들여야겠어요."

미주는 고개를 끄덕이며 대답했어요. 가짜 뉴스를 확인하는 방법을 배우고 나서 기사를 보니 허술한 구석이 많아 보였어요. 앞으로는 가짜 뉴스를 잘 구분할 수 있을 것 같았지요.

"좋아. 그런 의미에서 우리도 직접 뉴스를 만들어 보면 어떨까?"

"저희가요?"

"응. 뉴스를 어떻게 만드는지 직접 체험하면 진짜 뉴스의 특징도 자연스레 알게 될 거야."

"근데 어떤 주제로 뉴스를 만들죠? 너무 어려운데…….."

하람이가 심각한 표정을 지었어요.

"어렵지 않아. 우리 동네 혹은 우리 학교에 대한 뉴스여도 돼."

"좋아요! 해 볼게요."

미주가 제일 먼저 대답했어요.

처음에는 어렵다고 투덜대던 아이들도 어느새 진지한 표정으로 뉴스를 만들기 시작했어요.

"자, 누가 먼저 발표해 볼까?"

선생님의 말에 아이들은 서로 눈치 보기 바빴어요. 그때 은호가 자신 있게 손을 들었어요.

"저는 우리 동네에 새로 생긴 도서관에 대한 뉴스를 작성해 봤어요."

2019년 7월 10일 우리 동네에 새로운 도서관이 생겼다. 1층은 어린이관, 2층은 종합자료실, 3층은 열람실로 되어 있는데 평일, 주말에도 주민들로 북적거린다. 지하에는 식당도 있어서 책을 읽다 배가 고프면 언제든 식사를 할 수 있다.

도서관은 조용히 책을 읽고 공부를 하는 곳이기 때문에 시끄럽게 떠들거나 방해를 하면 안 된다. 하지만 간혹 열람실에서 간식을 먹어 냄새를 피우거나 전화 통화를 하는 사람들이 있다. 쾌적하고 편안한 도서관을 만들기 위해 우리 모두 도서관 예절을 지켜야 할 것이다.

은호의 뉴스를 본 아이들은 짝짝 박수를 쳤어요.
"자, 은호의 뉴스가 어땠나요?"
"저는 동네에 도서관이 새로 생긴 줄 몰랐는데 은호 덕분에 알게 됐어요."
"저번에 도서관에서 빵을 먹은 적이 있었는데 앞으로는 안 해야 되겠어요."
아이들은 저마다 느낀 점을 하나둘 이야기했어요.
"은호의 뉴스는 아주 정직하네요. 도서관이 생긴 날짜도 정확하고, 도서관에서 해서는 안 되는 행동까지 명확하게 알려 주었어요."
"뉴스를 쓰면서 조금이라도 거짓말을 하거나, 잘못된 정보를 알려 주면 안 된다고 생각했어요. 제 뉴스에 거짓된 정보가 있으면 사람들이 잘못 알아서 피해를 입을 수 있으니까요."
"은호 제법인데?"
미주가 입을 삐죽 내밀며 말했어요.

"이제 미주의 뉴스를 한 번 볼까?"

"네! 저는 다음 주에 열릴 체육 대회에 관해 뉴스를 써 봤어요."

다음 주에 체육 대회가 열린다. 당연히 우승은 우리 3반이 될 것이다. 우승 반에게는 교장 선생님이 햄버거를 쏜다고 한다. 우리 반은 방과 후에 달리기, 축구, 줄다리기 연습을 매일 할 계획이다.

"뭐야. 체육 대회 날짜가 안 적혀 있잖아?"

세준이가 고개를 갸우뚱하며 물었어요. 이윽고 하람이도 의견을 말했어요.

"우리가 당연히 우승해야 한다는 것도 잘못된 것 같아. 기사는 너무 한쪽 입장만 내세우면 안 된다고 했잖아."

"흠, 교장 선생님이 햄버거를 사 주신다는 말은 처음 듣는데. 김미주! 저거 확실한 거야?"

은호가 의심스러운 목소리로 묻자 미주는 당황했는지 말을 더듬었어요.

"어? 그, 그게…… 다른 반 애들이 그랬어!"

미주의 얼굴이 빨갛게 달아올랐어요.

"자자, 모두 조용!"

선생님이 중재에 나섰어요.

"모두 좋은 지적을 해 주었구나. 미주는 체육 대회에 대한 뉴스를 썼어. 하지만 정확한 날짜 정보가 없고, 우승한 반에게 햄버거를 준다는 소문을 확인하지 않고 기사로 작성했어. 이 뉴스를 본 우승 반 아이들은 뉴스 내용을 철석같이 믿고 햄버거를 먹을 생각에 기분이 좋아졌을 거야. 하지만 교장 선생님이 햄버거 대신 공책을 선물로 준다면 어떨까? 사실 원래 상으로 공책을 주기로 한 거라면 말이야."

"햄버거가 더 좋은데!"

"음, 실망할 것 같아요."

아이들이 고개를 저으며 말했어요.

"맞아. 아이들은 실망하거나 짜증이 나겠지? 교장 선생님은 아무 잘못이 없는데 가짜 뉴스 때문에 원망을 들을 수도 있어. 우승 반 아이들은 실망하고 기분이 좋지 않을 거야."

선생님의 말을 들은 미주는 그제야 자신이 너무 쉽게 뉴스를 썼다는 사실을 깨달았어요.

"다른 사람들이 어떻게 받아들일지는 생각하지 않고 제 마음대로

2019년 7월 10일 우리 동네에 새로운 도서관이 생겼다.
1층은 어린이관, 2층은 종합자료실, 3층은 열람실로 되어 있는데
평일, 주말에도 주민들로 북적거린다.
지하에는 식당도 있어서 책을 읽다 배가 고프면 언제든 식사를 할 수 있다.
도서관은 조용히 책을 읽고 공부를 하는 곳이기 때문에
시끄럽게 떠들거나 방해를 하면 안 된다.
하지만 간혹 열람실에서 간식을 먹어
냄새를 피우거나, 전화 통화를 하는 사람들이 있다.
쾌적하고 편안한 도서관을 만들기 위해
우리 모두 도서관 예절을 지켜야 할 것이다.

제법인데?

다음 주에 체육대회가 열린다.

당연히 우승은 우리 3반이 될 것이다.

우승 반에게는 교장 선생님이 햄버거를 쏜다고 한다.

우리 반은 방과 후에

달리기, 축구, 줄다리기 연습을 매일 할 계획이다.

운동회 날짜 어디었어?

한쪽 입장이야

혹시 한거야?

기사를 쓴 것 같아요. 앞으로는 확인되지 않은 소문을 절대 기사로 쓰지 않을래요."

"그래. 미주가 아주 큰 교훈을 얻었네. 이것만으로도 오늘 미디어 리터러시 교육은 엄청난 성과가 있는 것 같은데?"

선생님이 빙긋 웃자 미주도 굳었던 표정을 사르르 풀었어요.

"선생님! 내일 뉴스 만들기 또 해요! 저 이번에는 진짜 잘 쓸 수 있어요."

언제 풀이 죽었냐는 듯 미주가 씩씩하게 말하자 뒤에 있던 은호가 은근슬쩍 끼어들었어요.

"이번에는 또 어떤 엉뚱한 뉴스를 쓰려고?"

"흥. 열심히 준비해서 너보다 더 정확한 기사를 쓸 거거든?"

발끈하는 미주의 모습이 귀여워 은호는 웃었어요. 아이들은 내일 있을 미디어 리터러시 시간이 어쩐지 기다려졌어요.

수많은 뉴스 속에서 어떻게 가짜 뉴스를 구별해 낼까?

인터넷에도 가짜 뉴스, SNS에서도 가짜 뉴스, 유튜브에서도 가짜 뉴스! 이렇게 다양한 곳에서 발견되는 가짜 뉴스를 어떻게 하면 걸러 낼 수 있을까요?

가짜 뉴스는 10대들에게 큰 영향을 미쳐!

가짜 뉴스는 내용은 거짓이더라도 기사의 형식을 갖추고 있어서 많은 사람들이 진짜 기사인 줄 알고 쉽게 믿어요. 어른들도 가짜 뉴스를 구별하기 힘든데 어린이, 청소년들이 이를 알아채고 가짜 뉴스를 골라내기란 쉽지 않지요.

게다가 나이든 어른들보다 청소년들이 유튜브와 SNS를 더 많이 이용해요. 그래서 가짜 뉴스를 접하기도 더 쉽지요. 또 어린이, 청소년 시기에는 친구들과 무엇이든 공유하는 것을 좋아하므로, 가짜 뉴스가 진짜인지 확인하는 절차 없이 SNS나 메신저 앱 등으로 가짜 뉴스를 무분별하게 퍼트리기도 해요.

실제로 많은 학생들이 SNS에서 '좋아요'가 많이 눌린 기사나, 댓글이 많이 달린 기사의 경우 검증해 보지 않고 그대로 믿는다고 응답했어요. '좋아요'의 수와 댓글 수가 뉴스가 얼마나 정확한지를 판단하는 기준이 된 거지요.

이러한 이유로 청소년 때부터 정보를 판단할 수 있도록 비판적인 사고를 키워야 한다는 목소리가 높아지고 있어요. 교육 과정에 미디어 교육 과목을 새로이 만들어야 한다는 의견도 많은 지지를 얻고 있지요.

비록 댓글이 많이 달린 기사라고 해도 한 번쯤은 거짓 정보는 아닌지 의심하고 판단해 보는 건 어떨까요?

미디어 리터러시 교육이 필요해!

미디어(media)란 우편, 신문, 방송 등 정보를 전송하는 매체를 뜻해요. 리터러시(literacy)란 문자를 쓰고 읽는 능력을 뜻하지요. 이 두 단어를 합친 말이 '미디어 리터러시'예요. 정보를 전달하는 다양한 매체를 이해하고, 매체가 전달하는 내용을 분석하여 평가하는 능력을 말해요. 즉, 미디어를 비판적으로 읽고 분석하며, 창의적으로 쓰는 능력이라고 할 수 있지요.

최근에는 미디어를 활용하고 공유하는 능력까지 포함되어 그 의미가 더욱 넓어졌어요. 가짜 뉴스가 많아지면서 청소년 때부터 미디어 리터러시 교육을 해야 한다는 주장이 나오고 있어요. 비판적인 사고를 갖고 미디어를 수용하면, 그만큼 가짜 뉴스에 현혹되지 않을 수 있기 때문이에요.

2016년부터 우리나라의 몇몇 학교에서 미디어 리터러시 교육을 실시하고 있어요. 하지만 그 수가 너무 적고 미디어 리터러시 교육의 필요성을 느끼지 못하는 학생, 학부모도 많은 상황이에요. 그래서 미디

어 리터러시 교육이 진행되는 데 큰 어려움이 있어요.

미국이나 핀란드의 경우 어릴 때부터 학교에서 미디어 리터러시 교육을 해요. 어떤 방식으로 미디어 리터러시 교육을 하는지 알아볼까요?

외국의 미디어 리터러시 교육은 이렇게 하고 있어!

미국이나 핀란드 등 다른 나라에서는 오래전부터 미디어 리터러시 교육을 중요하게 생각해 왔어요.

★ **미국**

미국은 2016년 대통령 선거 기간 동안 가짜 뉴스로 몸살을 앓았어요. 트럼프가 대통령으로 당선된 것은 가짜 뉴스 덕분이란 말이 나올 정도였지요. 이런 이유로 미디어 리터러시 중에서도 '**뉴스 리터러시**'를 중점적으로 교육하고 있어요.

교육 과정은 크게 '뉴스 리터러시 센터'와 '뉴스 리터러시 프로젝트', 이 두 곳을 중심으로 진행됩니다. 뉴스 리터러시 센터에서는 학생들에게 뉴스 제작 과정을 알려 주고 뉴스를 비판적으로 수용하도록

가르쳐요. 뉴스 리터러시 프로젝트에서는 뉴스 정보가 사실인지 아닌지를 구별할 수 있는 교육이 진행된답니다.

★ 핀란드

핀란드는 미디어 리터러시 교육으로 유명한 나라예요. 초등학교 3학년 때부터 학교에서 미디어 리터러시 교육을 실시하지요. 학생들은 자기가 사는 지역에 관한 기사나, 환경, 정치 등에 관한 기사를 직접 찾아보고 그것에 대한 생각을 글로 표현해요.

기사를 읽고 직접 뉴스를 만드는 것도 중요한 수업 중 하나예요. 뉴스를 만든 뒤에는 학생들이 비판적으로 평가하는 시간도 있어요. 뉴스를 직접 만들어 봐야 진짜 뉴스와 가짜 뉴스를 구별할 수 있는 힘이 길러지기 때문이에요.

언론의 역할이 중요해!

가짜 뉴스가 이렇게 많아진 이유로는 신문, 방송 뉴스와 같은 기존 언론이 제 역할을 제대로 하지 못하기 때문이라는 지적도 있어요. 언론이 정확성보다는 기사 클릭 수와 신속함에만 신경을 쓴 나머지, 확인하지도 않고 가짜 뉴스를 그대로 기사로 만든다는 이야기지요. 이런 이유로 기존 언론이 가짜 뉴스를 퍼트리는 데 도움을 주었다는 비판도 받고 있어요.

가짜 뉴스가 사라지려면 신문, 방송과 같은 기존 언론의 역할이 중요해요. 언론이 앞장서서 가짜 뉴스를 재생산하지 않도록 주의를 기울여야 해요. 사람들이 주목하는 사건이라도 한 번 더 사실을 확인하고, 이미 기사로 나왔다면 이것이 가짜 뉴스였음을 공식적으로 밝혀야 해요. 또한 진짜 뉴스에 섞인 가짜 뉴스를 집어내고, 빠르고 정확하게 사실을 검증해 알려야 해요.

이런 노력을 계속 기울인다면 사람들은 언론이 보도하는 뉴스를 더욱 믿게 되고, 좀 더 쉽게 가짜 뉴스를 찾아낼 수 있을 거예요.

가짜 뉴스 구별하기, 이렇게 해 봐!

가짜 뉴스를 구별해 내기가 너무 어렵다고요? 다음의 체크 리스트를 하나씩 적용해 보면서 가짜 뉴스를 찾아봐요!

1. 언론사의 이름, 기자 이름, 기사 작성일이 나와 있는지 확인해 봐요.
2. 실체를 알 수 있는 전문가의 의견이 실려 있는지 확인해 봐요. 전문가의 이름을 검색해 보는 것도 좋아요.
3. 믿을 만한 언론사에서 나온 기사인지 확인해 봐요.
4. 기사나 글을 처음 접한 곳은 어디인지 확인해 봐요.
5. 참고 자료의 출처가 분명한지 확인해 봐요.
6. 예전에도 본 적이 있는 글인지 확인해 봐요.
7. 공유 수가 비정상적으로 많지는 않은지 확인해 봐요.
8. 상식에 어긋난 내용이 포함되어 있는지 확인해 봐요.
9. 너무 한쪽의 입장만 나와 있는 건 아닌지 확인해 봐요.

10. 기사 제목이 자극적이거나 선정적이지 않은지 확인해 봐요.

(출처: 연세대 바른ICT연구소, 가짜 뉴스 체크리스트)

패스트 뉴스 NO! 슬로 뉴스 YES!

뉴스도 성격에 따라 여러 종류로 나뉜답니다. 그중 많은 이들의 주목을 받는 최신 뉴스를 '패스트 뉴스(fast news)'라고 해요. 정치, 경제와 같이 긴 해설이 필요한 뉴스가 아니라, 해설이 없어도 많은 사람의 관심을 끌 만한 '핫(hot) 뉴스'를 주로 다루지요. 연예인에 대한 뉴스 등이 여기에 해당해요.

패스트 뉴스는 사람들의 흥미를 끄는 데 중점을 두어요. 그래서 자극적이고 선정적일 수밖에 없어요. 사람들도 어렵고 딱딱한 뉴스보다는 쉽고 재미있는 패스트 뉴스에 더 관심을 기울이지요. 그러다 보니 뉴스는 점점 자극적이 되고 급기야 거짓 정보까지 끌어와 가짜 뉴스를 만들어요. 재미는 있지만 유익함도, 정확성도 없는 뉴스가 되어 버리죠. 마치 맛은 있지만 영양가가 없는 패스트푸드처럼 말이에요.

빠른 뉴스, 재미있는 뉴스가 과연 좋은 뉴스라고 말할 수 있을까요? 조금 늦더라도, 조금 지루하더라도 내용이 정확하고 유익한 것이 훨씬 좋은 뉴스가 아닐까요?

지금이라도 천천히, 느리게 한 번 더 생각할 수 있는 슬로 뉴스(slow news)를 보도록 해요. 천천히 씹으며 맛을 음미할 수 있는 영양이 가득한 음식처럼, 우리에게 도움이 되는 건강한 뉴스를 본다면 이 세상에 있는 수많은 가짜 뉴스도 점점 사라지지 않을까요?

미디어 리터러시 교육, 이렇게 해 봐!

미디어 리터러시 교육은 결코 어렵지 않아요. 우리 일상생활에서도 쉽게 해 볼 수 있어요.

★ **사실(fact)을 체크해요**

뉴스나 유튜브 동영상의 내용이 맞는지 확인을 해 봐요. 검색으로 사실인지 아닌지 확인해 보고, 만약 사실이 아닐 경우에는 반박하는 자료나 영상을 만들어 친구들과 공유하도록 해요.

★ 직접 기사를 작성해요

친구들과 직접 기사를 작성해 봐요. 정치나 사회 기사도 좋지만 그것이 어렵다면 내가 사는 지역에 관한 기사, 내가 좋아하는 연예인 기사, 우리 집에 관련된 기사 등 흥미로운 기사부터 작성해 보세요. 기사를 작성한 뒤에는 친구나 가족과 공유하고, 분석하는 시간을 가져 봐요. 잘못된 내용이나 사실이 아닌 내용이 들어갔다면 이것을 체크해 보고 다시 수정하도록 해요.

★ 뉴스를 보고 토론을 해요!

가짜 뉴스를 구별하려면 먼저 뉴스가 무엇인지 알아야 하겠지요? 그러기 위해서는 뉴스를 많이 접해야 해요. 친구나 선생님, 가족과 함께 뉴스를 보고 토론하는 시간을 가져요. 뉴스에 쓰인 단어 하나에도 어떤 의미가 담겨 있는지 알아보아요. 왜 그런 단어를 썼는지 서로의 생각을 공유해 봐요.

★ **하나의 주제를 다양한 미디어로 찾아 봐요!**

친구들과 하나의 주제를 정하고, 다양한 미디어로 뉴스를 찾아보도록 해요. 예를 들어 '지구 온난화'라는 하나의 주제를 설정하고 인터넷, 유튜브, SNS 등 여러 미디어를 통해 찾아보는 거예요. 그리고 미디어마다 지구 온난화 문제를 어떤 식으로 기사로 만드는지 공유하고, 의견이 다른 건 없는지, 가짜 뉴스는 없는지 분석해 보는 것이지요.

오늘부터 친구들과 우리만의 미디어 리터러시 교육을 해 보는 건 어떨까요? 이 세상의 모든 가짜 뉴스를 물리치는 그날까지 말이에요!

관련 교과 정리

5학년 1학기 국어	9. 여러 가지 방법으로 읽어요
6학년 1학기 국어	4. 주장과 근거를 판단해요 6. 내용을 추론해요
4학년 2학기 사회	3. 사회 변화와 문화의 다양성
5학년 도덕	4. 밝고 건전한 사이버 생활 6. 인권을 존중하며 함께 사는 우리
5학년 실과	6. 생활과 정보

국어, 사회, 과학, 기술, 도덕, 경제까지
교과목 공부가 되고 세상의 눈을 키우는 상식도 쌓아 주는
사회과학 동화 시리즈

공부가 되고 상식이 되는! 시리즈 ❶
어린이 생활 속 법 탐험이 시작되다!
신 나는 법 공부!
장보람 지음, 박선하 그림 | 168면 | 값 11,000원

변호사 선생님이 들려주는 흥미진진한 법 지식과 리걸 마인드 키우기!
이 책은 어린이 친구들에게 법률 지식은 물론 실생활에서 일어나는 크고 작은 사건들을 통해 법적 시야를 길러준다. 흥미로운 생활 이야기를 통해 어린이 친구들이 법적 추리, 논리를 배우고 꼭 필요한 시사상식을 알 수 있게 한다. 현직 변호사 선생님이 직접 동화와 정보를 집필하여 어린이 친구들에게 자연스럽게 리걸 마인드(legal mind)를 키워낼 수 있도록 돕고 있다. 생활에 필요한 법 지식을 배우게 되어, 법치 질서가 중요해지는 미래 사회의 인재로 자라나게끔 이끌어준다.

공부가 되고 상식이 되는! 시리즈 ❷
동화로 보는 착한 소비의 모든 것!
미래를 살리는 착한 소비 이야기
한화주 지음, 박선하 그림 | 148면 | 값 11,000원

친환경 농산물, 동네 가게와 지역 경제, 대량생산 vs 동물복지, 저가상품 vs 공정상품
이 책은 어린이 친구들에게 현대 사회의 중요 행동인 "소비"를 통해 사회 활동과 경제 활동에 대한 이해를 높이며, 현명한 소비 생활에 대해 생각거리를 던져 주는 동화책이다. 왜 싼 제품을 사면 지구 건너, 혹은 이웃 나라의 아이들이 더 고생하게 되는지, 왜 동네 가게 주인아저씨의 걱정이 대형마트와 관련이 있는지, 어린이 친구 눈에는 잘 이해되지 않는 소비에 관한 진실과 흐름을 들려준다. 세상은 더 연결되어 있고, 나의 작은 소비가 어떤 영향력을 가지는지를 알려준다. 어린이 친구들에게 '소비'라는 사회 행위에 담긴 윤리성과 생각거리를 일깨워 주고 다양한 쟁점에 대해 이야기해 보도록 제안한다.

공부가 되고 상식이 되는! 시리즈 ❸
똑똑한 경제 습관과 금융 IQ를 길러 주는 어린이 금융경제 교육
적금은 뭐고 펀드는 뭐야?
김경선 지음, 박선하 그림 | 120면 | 값 11,000원

동화로 보는 어린이 금융경제 교육의 모든 것!
이 책은 어린이 친구들을 유혹하는 다양한 금융 서비스와 환경에 대해 제대로 살펴보고, 실생활에서 꼭 필요한 금융경제 지식에 대해 알려준다. 이미 선진국에서는 의무교육화된 '어린이 금융경제교육'의 필수 내용을 재미있는 동화로 풀어내고 있다. 어려워 보이는 금융 용어에 대해 이야기로 살펴보며, 경각심을 지켜야 할 부분에 대해 방점을 찍어준다. 금융의 책임감과 편견에 대해서도 바로잡아 주며, 경제에 대한 균형 잡힌 시각을 키워주는 책이다.

공부가 되고 상식이 되는! 시리즈 ❹
우리가 소셜 미디어를 하면서 반드시 알고 지켜야 할 것들의 모든 것!
미래를 이끄는 어린이를 위한
소셜 미디어 이야기
한현주 지음, 박선하 그림 | 152면 | 값 11,000원

1인 미디어, 실시간 정보검색, 온라인 인간관계 길잡이, 올바른 SNS 사용규칙
이 책은 소셜 미디어 시대를 살아가는 어린이들에게 다양한 디지털 기기(스마트폰, 컴퓨터, 미니패드 등)를 통해 접하는 'SNS 서비스가 나에게 어떤 영향을 끼치는지' 재미있는 동화를 통해 깨달아간다. 더 나아가 익명성, 사생활 침해, SNS 중독 같은 사이버 문제를 해결하고 지켜야 할 윤리, 규칙에 대해서도 가르쳐준다. 소셜 미디어와 디지털 기기의 특성을 하나하나 살펴보며 온오프의 균형 감각을 가지고 슬기롭게 생활하는 방법을 일깨워준다.

공부가 되고 상식이 되는! 시리즈 ❺
동화로 보는 SW교육, 사물인터넷, 인공지능 로봇, 로봇 세상의 생활과 진로!
어린이를 위한
인공지능과 4차 산업혁명 이야기
김상현 지음, 박선하 그림 | 163면 | 값 12,000원

과학 기술과 데이터, 로봇과 공존하는 인공지능 시대를 살아갈 어린이 친구들을 위한 과학 동화
이 책은 인공지능 기계와 함께하는 미래에 대해 쉽고 재미있게 알려주며, 정보통신 기술이 가져온 4차 산업혁명에 대해 살펴보는 과학 동화책이다. SW 교육, 사물인터넷, 인공지능, 로봇 세상의 일자리 등 한 번쯤 들어는 봤지만, 구체적으로 무슨 내용인지는 모르는 디지털과학의 영역을 동화로 흥미롭게 살펴본다. 어린이 친구들은 기계와 다른 인간의 고유한 가치와 영역에 대해 자연스럽게 깨닫고, 미래에 필요한 창의적 사고력, 컴퓨팅 사고력을 키우게 될 것이다.

공부가 되고 상식이 되는! 시리즈 ❻

동화로 보는 '4차 산업혁명 시대'에
따뜻한 기술이 가져오는 행복한 미래와 재미난 공학
어린이를 위한 따뜻한 과학, 적정 기술
이아연 지음, 박선하 그림 | 163면 | 값 12,000원

어린이를 위한 "따뜻한 기술과 윤리적인 과학"에 대한 흥미롭고도 실천적인 이야기!
이 책은 동화를 통해, 인간을 이롭게 도우려 탄생한 '기술'에 '나와 이웃' 그리고 '환경, 디자인, 미래'에 대한 인문적 시각을 담은 '적정 기술'을 알려준다. 과학 기술이 발전할수록 오히려 소외되는 이들이 있음을 이야기하며, 과학 기술을 배우는 어린이 친구들에게 '인문적 고민'에 대해 알려주는 생각동화책이다. 4차 산업혁명의 시대에 우리에게 드리운 '빛과 그림자'에 대한 토론거리도 던져 주며, 그 대안이 될 과학 기술인 '적정 기술'에 대해 재미있게 배워볼 수 있을 것이다.

공부가 되고 상식이 되는! 시리즈 ❼

포장 쓰레기의 여정으로 살피는
소비, 환경, 디자인, 새활용, 따뜻한 미래 이야기
미래를 위한 따뜻한 실천, 업사이클링
박선희 지음, 박선하 그림, 강병길 감수 | 144면 | 값 12,000원

버려진 물건에게 새 삶을 주는 따뜻한 실천에 대한 흥미진진한 이야기!
이 책은 생활 속 포장재들의 드라마틱한 여정을 통해 물건의 소비와 쓰레기 문제에 대한 경종을 울리고, 버려진 물건을 재탄생시키는 행동인 '업사이클링'에 대해 이야기한다. 창의적인 아이디어로 버려진 물건에 새로운 가치를 부여하는 '업사이클링'은 나와 이웃, 더 나아가 지구와 미래를 지키는 실천이다. 나, 이웃, 환경과 미래를 생각하고, '만드는 재미'를 일깨워주는 흥미진진한 '업사이클링'의 세계로 안내한다.

공부가 되고 상식이 되는! 시리즈 ❽

동화로 보는 동물학대와 유기,
대규모 축산농장, 동물실험, 동물원에 대한 불편한 진실
어린이를 위한 동물 복지 이야기
한화주 지음, 박선하 그림 | 166면 | 값 12,000원

'산업, 소비, 즐길 거리, 먹거리, 입을 거리'가 된 동물들!
이 책은 인간 사회를 위해 희생되는 동물의 삶과, 산업이 되어 버린 동물들에 대한 이야기를 살펴본다. 그리고 동물들의 희생이 과연 정말 꼭 필요한 것인지 질문하고, 동물의 행복에 대한 다양한 시도를 보여준다. 어린이 친구들은 이 책을 통해 우리 세상에는 다양한 종과 함께 살아가는 것이 무척 중요하다는 것을 깨닫게 될 것이다. 또한 동물의 행복에 대해 깊이 생각해보고, 다양한 나라에서 시도되는 동물 복지에 대한 실천을 보고 지금 우리가 해볼 수 있는 것은 무엇인지 배울 수 있을 것이다.

공부가 되고 상식이 되는! 시리즈 ❾

동화로 보는 신재생에너지,
에너지 불평등과 자립, 에너지 공학자, 에너지 과학 기술

지구와 생명을 지키는 미래 에너지 이야기

정유리 지음, 박선하 그림 | 162면 | 값 12,000원

과학 기술의 발전과 함께 전에 없던 새로운 에너지 전환 시대를 준비해 보다!

이 책은 어린이 친구들에게 우리 삶을 지탱하는 '에너지와 그로 인한 에너지 문제'에 대해 설명하며, 지구와 생명을 지키는 미래 에너지에 대해 알려주는 책이다. 재미있는 동화를 토대로 화석 에너지 문제들을 해결할 방안으로 신재생에너지와 에너지 절약과 효율을 높이는 다양한 기술, 그리고 더욱 역할이 중요해지는 에너지 공학자들의 이야기를 들려준다. 더 나아가 에너지 불평등과 자립에 대한 이야기를 통해 나와 이웃을 생각하는 미래에 에너지가 어떤 역할을 할 것인지를 생각해보게끔 한다.

공부가 되고 상식이 되는! 시리즈 ❿

동화로 보는 '미세먼지'를 둘러싼
환경, 건강, 나라, 경제, 과학 이야기

생명을 위협하는 공기 쓰레기, 미세먼지 이야기

박선희 지음, 박선하 그림 | 160면 | 값 12,000원

미세먼지를 어떻게 대처하느냐에 따라 달라지는 두 가지 미래 여행!

이 책은 환경 재앙으로까지 일컬어지는 '미세먼지'에 대해 다양한 시선으로 살펴보며, 미세먼지가 왜 이렇게 심각해졌는지 그 경위를 알아보고 우리의 건강, 깨끗한 환경, 삶을 지키기 위한 실천과 생각거리를 살펴본다. 이 책은 미세먼지에 얽힌 지리적, 과학적, 경제적, 인문적인 이야기를 들려주며, 환경 문제가 결코 단순한 것이 아님을 이야기한다. 미래의 주인공이 될 어린이들이 '미세먼지'에 대해 깊이 이해하는 것만으로도 우리가 지켜야 할 환경, 미래에 대한 가치를 배울 수 있다.

공부가 되고 상식이 되는! 시리즈 ⓫

사라지는 일, 생겨나는 일! 미래 일자리의 변화와 기술, 직업 가치를
생생하게 알려 주는 과학 인문 동화

어린이를 위한 4차 산업혁명 직업 탐험대

김상현 지음, 박선하 그림 | 167면 | 값 12,000원

"달라진 일의 미래, 나는 어떤 일을 하게 될까?"

이 책은 기술 과학이 더욱 발달하는 미래 시대의 꿈을 키워나갈 어린이 친구들에게 일의 변화와 달라지는 직업 가치를 일깨워주는 직업 인문 동화책이다. 어린이들에게 미래 기술과 직업에 대한 연결과 흐름을 보여주고, 필요한 소양에 대해서도 이야기한다. 또한 여가의 증가, 로봇과의 협업 등 달라지는 일의 가치와 이로 인한 생활의 변화도 생생하게 보여 준다. 어린이들에게 4차 산업혁명을 이끄는 핵심 기술 5가지와 관련 직업들을 소개하며 '디지털 과학의 일'에 대한 정보를 안내해준다.